朱健口述　肖欣整理

人生不满百

朱健九十自述

文匯出版社

图书在版编目（CIP）数据

人生不满百：朱健九十自述 / 朱健口述；肖欣整理. —上海：文汇出版社，2017. 7
（开卷书坊. 第六辑）
ISBN 978-7-5496-2118-7

Ⅰ. ①人… Ⅱ. ①朱… ②肖… Ⅲ. ①朱健—自传 Ⅳ. ①K825. 6

中国版本图书馆 CIP 数据核字（2017）第 120900 号

人生不满百
——朱健九十自述

作　　者 / 朱　健口述　肖　欣整理
策　　划 / 宁孜勤
主　　编 / 董宁文
责任编辑 / 鲍广丽
装帧设计 / 观止堂_未　氓

出 版 人 / 桂国强

出版发行 / 文匯出版社
上海市威海路 755 号
（邮政编码 200041）
经　　销 / 全国新华书店
照　　排 / 南京理工大学资产经营有限公司
印　　刷 / 上海宝山译文印刷厂
版　　次 / 2017 年 8 月第 1 版
印　　次 / 2017 年 8 月第 1 次印刷
开　　本 / 880×1230　1/32
字　　数 / 173 千
印　　张 / 7.75

ISBN 978-7-5496-2118-7
定　　价 / 38.00 元

朱健，原名杨镇畿、杨竹剑，一九二三年生，山东郓城人，“七月派”诗人之一。抗战时期，他流亡四川求学；皖南事变后被迫离校，辗转甘、陕等省。一九四〇年开始，朱健就在重庆的《希望》、西安的《流火》及成都、兰州、昆明、长沙等地报刊发表诗作。一九四五年，其代表作、长诗《骆驼和星》发表于胡风主编的《希望》创刊号杂志。一九四六年，朱健进入四川重庆乡村建设学院学习，并参加学生运动，组织、参与一九四六年重庆“一六”大游行并被国民党抓捕入狱。一九四七年出狱后赴长沙，后担任长沙河东学运区区委委员，参与迎接湖南和平解放。

新中国成立后，朱健曾任长沙市委办公室秘书科长等职，“文革”中被打倒。一九七六年到一九七八年参与《辞源》修订，一九七八年底，进入潇湘电影制片厂，从事电影剧本编辑和创作。一九八九年离休后，在《读书》杂志上发表了一系列有影响的文章。著有诗集《骆驼和星》《朱健诗选》、散文随笔集《潇园随笔》《无霜斋札记》《逍遥读红楼》《人间烟火》《碎红偶拾》《红楼梦我》等。

朱健近照

目　录

冉子故里

杨村记忆

我出生在民国十二年（一九二三年）阴历十月三十，是杨家的长孙。

我的老家，在山东郓城城东大约三十五里的一个小村子，叫杨家村。我们都喊杨村。

村子不大，从村东可以一眼看到村西。村子里的人都姓杨。

这里的杨家人来自哪里呢？听祖辈们说，来自山西洪洞县的那棵老槐树下。其实这也是个笼统的说法。我没有考证过，也没有更多的资料来研究。上小学时，祖父主持修的杨氏族谱，我看到过，线装本，蓝皮的，在当时算是很讲究。我记得我是杨家的第十八代，可惜当年的族谱没有留下来。

每逢过春节，我家厅堂里会挂出一幅人物画像，全村的人都来这里举行祭祖仪式。画像很旧，但看得出画像上的人穿着清朝的服饰。也不知这画像上的人物是杨家哪一代的老祖宗了。口口相传的是，这位老祖宗曾经参加过乾隆皇帝在乾清宫举办的千叟宴。看来，这位老祖宗在当地是很有名望的。

杨家的祠堂在离杨家村不远的黄垓镇上。祠堂相当于一个小公园，里面有假山、竹子，这在北方是很少看到的，颇有江南的风味。

杨村这个村庄虽然小，但还是比较富裕的。一个标志性的东西就是村里有三座庙。中间是很大的十殿阎罗庙，有两座长廊，东西各五名判官、小鬼，后面还有座娘娘庙。不远处小巷子里则有一个关公庙，我还记得庙上面的四个大字，“亘古一人”，小时候那个“亘”字还不认得。从这个庙再往前走，有座叫不出名字的庙，可能是观音庙。在我的记忆里，这三座庙除了阎罗庙比较陈旧一点，其他两座都比较新。

北方比较冷，风很大，但黄土坡结实，人们就挖地窖。妇女们在地窖里纺绵花、做家务。杨村的房子也都是平房，用很高很粗的高粱杆子扎成捆，盖在屋顶上，再用泥糊起来。高粱这种农作物在老家很普遍，也是人们日常生活中必不可少的物品。高粱不仅是主要的粮食，秸秆可以做燃料，高粱皮还可以编席子。

杨村人的经济条件也比较好。村东头住的都是搞手工业的人家，卖梳子的、卖篦子的，还有好几家做鞭炮的。村子西头有卖烧饼的、卖油条的，有冬天一早就卖热乎乎的羊杂汤的。在我的记忆里，村子里基本没有很穷的人家，人们的生活状态改变得也很缓慢，很多年来都没有什么变化。我小时候，还见过很多老一辈人，男的留着辫子，女的缠着小脚。我还见过被守在城门口的新派学生剪掉辫子的乡下人，蹲在路边哭。

从杨村东边走过去半里路，有一块不太高的青石碑，上面写着四个字“冉子故里”。我还没上学的时候，祖父常常牵了我的手去村外散步，走到这个地方他总是要停下来，指着石碑上的字，教我念“冉子故里”。我那时当然是不懂的。后来才知道，冉子是孔子的弟子。

说起冉子，其实不只是一个人，而是三个人，分别叫冉耕、冉雍和冉求，他们都是孔子的得意门生，列入七十二贤，世称“孔门三冉”，后人推崇三人为“子”，尊为先贤哲人。村外那块“冉子故里”石碑，说的是哪一位冉子呢？我也没有考证过。不过综合现有资料，我推论可能是冉求。他多才多艺、为人谦逊、长于政事。孔子晚年归隐鲁国，受到他的很多照顾。

从“冉子故里”这块石碑再往前走一点，就到了黄垓。黄垓是一个中心的集镇，有很高的围子。黄垓的北门外，有一个很大的冉子庙，不知道什么时候修的，当地人自发地来维护，香火不断，绵延久远。这说明当地的文化氛围还是很浓厚的。其实中国的老百姓从来都很敬重文化，尊重知识分子。二十世纪五十年代初，人们在公共场合还经常可以看到，人们用铁皮、石头等做的炉子上会写着“敬惜字纸”几个字。这其实是中国古代文化传统中的一种美德，人们认为字纸是很神圣的，不能随便地丢弃。传说里仓颉造字成功，不仅白日下粟如雨，晚上还会听到鬼在哭。天降下粮食是庆贺仓颉造出了文字。鬼为什么要哭呢？因为有了文字，民智日开，鬼不得安宁，很害怕。

我小时候在黄垓上小学，天天要路过“冉子故里”那块石碑。路过冉子庙，印象最深的，是冉子庙前面，有两棵非常高大的柏树，郁郁葱葱，要七八个大人才能围得起来，方圆几十里路都没有这么大的树，是很有名的风景。两棵树据说是唐柏，不少几十里外的学校还专门组织学生来参观。大人们常在树下支起桌椅玩牌、乘凉，小孩子在树下玩耍嬉戏，我放学后有时也和小伙伴们在大柏树下钻树洞。我的同学李哲，抗战时期曾在郓城党领导的郓城青年抗日自卫团，看到大柏树树枝快

冉子祠和黄垓大柏树

要垮下来了，还专门修了一根柱子将树枝顶了起来。

我很遗憾的是，一九五五年回家乡，竟没有来得及去看看这两棵大柏树，也不知道这两棵树如今还在不在。

祖父科考脱贫

我的祖父叫杨宝三，字象乾。我的曾祖母有四个孩子，祖父是老大。

当时祖父家里特别穷，曾祖母下决心要送一个孩子读书。祖父读书很用功，学了一段时间，就当村塾老师，因此杨村附近有不少他的学生。曾祖母多次谈到，祖父科考中举，很多他的学生来祝贺。那个场面，就跟《儒林外史》里写的范进中举一样。报喜的来了，每个人要给点钱，请吃一餐饭。可是家里太穷了，连一餐饭也管不起，曾祖母只好拿着瓢挨家挨户去借米。

祖父后来中了进士，说是中国最后一科的进士，我还记得他告诉我，是第二十七名。前几年我的朋友扬之水女士为此还专门在一个大热天，跑到北京国子监去查，但是没有找到杨宝三的名字。晚清废科举的同时，对广大旧学生员还作了过渡性的制度安排，十年三科之内，各省优贡照旧举行，己酉科拔贡亦照旧办理，皆仍于旧学生员中考取，相当于现在所说的“老人老办法，新人新办法”。祖父所说的“最后一科”进士，是不是指己酉科呢？祖父的说法，只能存疑待考了。

但可以确认的是，祖父是通过科举考试改变命运的。祖父科考高榜得中后，就被派到陕西褒城当了名县级官员，当了很多年。听他说过，袁世凯称帝时，他曾上表称臣，不久后就回来了。我估计就是上表称臣这件事给弄下来的。不过带回来的“仪仗”还是很威风。就像旧戏舞台上那样的，旗锣、伞扇，以及“回避”“肃静”这样的牌子，一全套要二三十个人才能弄得起。

我祖父这个人，活动能力很强，朋友多。他回来后，给大大小小的军阀做过幕僚。我曾听他说，两派打仗时，他代表一方去另一方的司令部谈判，外边的人要拿枪杀他，他倒不慌不忙地躺在床上抽鸦片，一点也不害怕。

当时的北洋军阀褚玉璞，是梁宝寺镇上的人，距杨村八里路，和祖父相识。这个褚玉璞，是北洋军阀里有名的人物，拉杆子起家的，为人比较残忍。他怀疑京剧名角刘汉臣和自己的五姨太有染，就杀掉了刘汉臣，当时闹得沸沸扬扬。秦瘦鸥有部小说叫《秋海棠》，就是以这个故事为蓝本写的。不过这个褚玉璞倒是一个孝子，从杨村到梁宝寺路上，有一座庙叫鱼骨庙，是他为纪念自己的母亲修的，是用鲸鱼的骨头做支架搭起来的，很少见，我曾进去玩过。

二十世纪二十年代初，褚玉璞任直隶督办兼省长，大权在握，就让祖父去长芦盐场当了场长，仅正式薪俸就七百块光洋，算是个肥差，亦官亦商。当时，家乡土匪很多，我的父母亲带着我住到黄垓外婆家里去了，那里有围子、城门，安全一些。我的祖父想看我，就叫我的白头发奶奶（亲祖母）和二爷爷带我到长芦盐场去。

在长芦盐场，我记得我们住在一栋古色古香的老院子里，前面办公，后面住家，都有专门负责传达的人。父亲那时候在北京读书，放假了就回盐场。

我们在盐场没待很久，似乎只过了一个阴历年。北伐军打败了褚玉璞，我们也只得逃跑。我记得是一个黄昏，气氛很紧张，白头发奶奶抱着我上了一辆黑色的小汽车。那是我第一次坐小汽车，往松软的沙发上一坐，人就吓得跳起来哇哇哭。

到了天津，我们先是住在一个很豪华的院子里，大概就是褚家，后来搬到了一个租界，在海河边上。我们住的小巷子很干净，一排房子门都是一样，我有好几次走错了门。有一次我自己跑出去，看到了海河，还有不少外国人在那里游泳，他们让狗也游，这个我印象比较深。我们住的地方，一进门右边是厕所，用的是抽水马桶。我不肯上去，一抱上去就哭，大人一按抽水马桶哗啦啦地响，我也哭。大概这是我最早享受到的现代文明。

我们在天津住了大约半年就回家了。但这一段时间对我的智力开发是非常大的，因为接触了现代文明，比如抽水马桶、矿石收音机、电话、电灯、坐汽车、看到外国人、看电影等，真是应接不暇。这些新鲜的东西对才几岁的小孩子的刺激非常大，非常强烈，包括第一次跟黑头发奶奶（庶祖母）去看京剧。

我祖父、父亲都喜欢唱京戏，祖父喜欢唱几句言菊朋的《卖马》《让徐州》之类，黑头发奶奶则迷恋程砚秋的“鬼音”，常捧着戏考哼《窦娥冤》，“苦啊苦啊”地唱。我这个黑头发奶奶听说是来自风尘，长得不漂亮，脸上还有浅浅的麻子。但她认得字，也很会招呼人，特别是会弄鸦片，所以祖父离不开她。我从小就看祖父抽鸦片。云南产的鸦片最好，叫云土，一块一块的，砖头一样。黑头发奶奶先用一个红铜的小锅煮，那个气味非常香，我们就在旁边看。云土越煮越浓越少变成黑的了，就放在一个叫烟蒂的小盒子里，再放到一个带玻璃罩的小油灯里。祖父在右边，黑头发奶奶在这边，中间一张桌子上摆放着油灯，烟膏在油灯上烤，烤出烟泡，用一根粗的管子放在烟嘴上抽，那个香味很难说出来。

我还一直记得黑头发奶奶带我去看京剧《玉堂春》这一出。里面有一折叫《三堂会审》，梅兰芳改成的满堂红，道具、服装全是红色，台上一片红光，我印象最深。黑头发奶奶后来表扬我，不哭不闹不睡，直看到深夜曲终人散。我现在一直喜欢京剧，喜欢听张火丁的戏，恐怕就是受小时候的影响。我这个人对什么都有好奇心，都有兴趣，这也跟童年在天津这段“智力开发”很有关系。

大约一九二八年秋冬季节，我们又从天津回到了山东老家。祖父当时才四十八岁，后来就再也没有出去任官职了，直到去世。可以说，北伐革命就是革掉了像我祖父这样的人。

祖父从天津回老家后，在杨村开始大兴土木，改造原来的家，建起了大院子，方圆几十里都是最大的。

祖父在村里的中心地段，买了老丫奶奶他们家的那一块地。老丫奶奶家也是曾经的大户人家，只是后来破败了。祖父买了这块地后，修起了并排三个大门的大院子。我们进出一般都走中间的大门。我印象很深的，是祖父在西大门上写的对联，上联是“鸢飞鱼跃”，下联是“海阔天空”。

我和父亲、祖父住在东边大院里，西边住着二爷爷、三爷爷。四爷爷则住在黄垓镇上经商。

我家大院子里住了近三十口人。我祖父兄弟四个，都有姨太太，一到过年了，那真是非常热闹。

北方有个习俗，正月十五前，不兴做吃的，所以我家一过腊八节就开始准备过年吃的东西。比如馒头，因为人多，要做很多。那时候没有冰箱，就把馒头放到房顶上冻了之后，收到一口口大缸里存着。还有一件大事就是杀猪。请人来杀，就在长工们住的后院里。我们这些小孩子，围成一圈眼巴巴地等着一样东西：猪蹄子外面那层硬硬的壳。要到这个东西后，割下一块肥油放在壳里面，再插一根灯捻子，可以做成小灯笼，过年时提着到处玩。

腊月二十三晚上，要送灶王爷上天。每一户人家炉灶的旁边，都会贴一张木版的红红绿绿的灶王爷年画，二十三之前要到集上买一张新的灶王爷年画，将旧的烧掉，贴上新的，叫“上天言好事，下地保平安”。年三十包饺子，那就热闹了。院子里摆一张比较矮但很长的桌子，我妈妈她们这些女眷，全体出动。我们小孩子也围着看，等着饺子包出来之后煮着吃。大年三十晚上，小孩子打着灯笼到处跑，玩累了，也就睡着了，第二天天不亮就起来，祖父还要带我们去祠堂拜祖宗。

留在我记忆中关于杨村老家的最后盛事，是曾祖母的八十大寿。祖父还为她老人家立了德行孚众碑。我祖父在当地学生非常多，当时郓城县的县长也是父亲的同学，所以场面很大，非常热闹。我家在大街两边搭起棚子，开流水席，所有的亲戚、祖父的学生都来拜寿、拜碑。给曾祖母做完八十大寿之后，我就离开了家外出读书了。

一九四七年春天，我在重庆北碚，父亲给我来了一封信，告诉我说祖父在老家被共产党枪毙了。一直到“文革”时，我弟弟和母亲从北京被赶回老家，才了解到事情的真相。原来祖父不是被共产党杀的，而是被仇家杀的。当时老家的共产党武装很活跃，仇家借共产党武装的名义通知祖父，说要找他谈件事情。祖父跟他们走到村外，仇家就用枪把他杀掉了。据说事发后，杨家有人要大举寻仇，最后被我的一位叔爷喝止，说你们这么冤冤相报，将无时得终。

祖父到底跟人结了什么仇？我也不太清楚，不过我记得我妈妈当时在重庆听到这个消息的时候，一方面为自己公公的这个结局感到悲伤，但也说了一句话：“也该杀。”估计祖父有些劣迹。我很小离开家，具体情况也不太清楚。

祖父出身贫苦，靠寒窗苦读脱贫，也改变了家庭的命运。他眼界开阔，社会活动能力很强，从清朝末年到北伐结束，近三十年时间一个人在外闯荡，绝对是个有故事的人，可惜没有人了解他的经历，要不可以写很精彩的长篇小说。

祖父之死对我父亲影响很大。父亲“文革”前就去世了，他到死都认为是共产党杀了祖父，一辈子都心里不安。

我的父亲母亲

我在杨村老家，包括后来和父母在一块的时间都很短，都只留下零碎的印象。我和他们之间除了天然的骨肉之情外，没有太多很长时间待在一起的那种亲情。

祖父个性比较包容，我家这个大家庭的气氛一直比较和谐，这和他的能包容的性格有关。家庭的文化氛围也影响了我。既有传统文化的影响，也有新文化的影响。祖父是清末的进士，读旧书的，他有很多旧书，用几个很大的网篮子装着，放在他的书房里，不过我很少翻动，不认识。我的父亲和四叔父，是“五四”以后的大学生，他们放假回来带些白话文的课外书。新旧文化在我家里没有冲突，和谐共处。四叔父曾在保定陆军学校军训过，中国农大毕业后，先在济南和青州的农业研究所工作，后来在济南女子师范当过教导主任、教务主任。

我父亲叫杨雨亭，学名叫杨仕修。他是当时山东有名的中学省立六中毕业的，后来到北京上大学，读的是一所私立大学，好像叫中国大学，学的好像是政治系。我看到过他那所大学的同学录，很精致，硬皮壳，道林纸印刷，我记得校长的名字是王正廷。这个人是蒋介石的老乡，浙江奉化人，在美国耶鲁大学获得过法学博士学位，任过南京国民政府的外交部长。

我父亲大学毕业回山东后，他读中学时的一个体育老师，姓陈，在武汉当了国民党五十八师师长，要我父亲去他那里当那个师的副官处长。在五十八师里，父亲结识了两个很好的朋友，三个人成为了把兄弟。其中一位叫张文远。五十八师被贺龙的部队打败后，父亲逃回了老家郓城，张文远则被俘虏了，结果在路上他找个机会逃跑了，在一个地方跟父亲打电话说他出来了。张文远后来跟我说，他在电话里能听到我父亲吃惊得筷子掉到地上的声音。这个张文远的夫人很有交际手段，后来张文远一家到了兰州，当时兰州属于第八战区，司令长官叫朱绍良，张文远的夫人经常和朱绍良的夫人在一起玩牌，张文远就在朱绍良手下当了总务处长，后来朱绍良调到重庆，张文远也跟着到了重庆，还是当总务处长。在重庆时他秘密参加了民革，新中国成立后成了民革的团结委员。我后来到重庆的时候，张文远也很关照我，我离开重庆到长沙，他还给了我一百块钱，帮我把老伴安排在重庆一家被服工厂的子弟学校教书。

我父亲逃回老家后，在郓城中学当教务主任，后来代替校长做事。半年后，他的高中同学陈亚三开始跟着梁漱溟在山东搞乡村教育运动，把我父亲也喊去了，以后他基本上就是跟着陈亚三、孙则让等他的一些同学一起搞“乡教”，做一些事务性的工作。说起来，他也是大学毕业生，在部队里当过副官，经历也算丰富，不过他的个性比较低调，不合适做大事，但可以做一些扎实的基础的事务性工作，大家都很放心。这也算是父亲这同一辈的人对他的评价。

我母亲是个贫苦人家出身，是我们这个大家族的大儿媳。她勤快、贤惠、口碑很好。那时候的妇女都没有正式的名字，小时候喊乳名，结婚后都喊她杨三。

我跟母亲在一起的时间也不长。我离开杨村后一直在外漂泊，一九四三年母亲带着弟弟来兰州找我，和我住了不到一年，我就和她一起到四川去找父亲，他们在一块，我又离家了。我弟弟参加了抗美援朝，当过副连长，一九五几年转业在北京，也没和我在一起过，我母亲后来一直跟着我弟弟在北京。

在我的遗传基因里，应当还是母亲对我的影响大些。她胆子大，有魄力。有件事我老伴还一直说起。母亲当年一个妇道人家，带着我弟弟从山东老家经过日本占领区、国民党占领区，千里迢迢到兰州来找我，不知怎么做到的。我听她说起过，在安徽北部一个叫涡阳的地方，他们住在一个旅馆里，住店的老板勾结当地的坏人，看到她带着一个孩子可以欺负，说是来了强盗把他们的东西都抢走了。我母亲找到这个老板，说她认识涡阳的什么什么人，要去追回来。老板害怕了，把东西还给了她。

我真正有个人清晰记忆的开始，就是一九二六年我三岁，离开家去长芦盐场的情景。记得托尔斯泰回忆说自己有记忆，是他的母亲用襁褓包他时触摸到他皮肤时的感觉。我记得非常清楚的，就是在妈妈怀里的温暖。那时候去天津要到济宁坐火车，从黄垓到济宁有九十里路，坐那种鸡公车，出发得很早。母亲抱着我，大约风一吹，天冷，我就睁开眼了，一睁开眼就看到天上黎明的星星，感到妈妈怀里的体温，又睡着了。这是人生里第一次独立的清晰的记忆，很有诗意。妈妈的体温，我一辈子都记得这个体温，最深刻。我和妈妈在一起的时间很少，一想起妈妈来，首先就是当年的这种感觉。包括一九八三年，我妈妈因肠胃病去世时，我在广州接到电话，一下子就想起来了妈妈怀里的温暖。

父母一去世，人的感觉是很特别的。我看胡风的儿子在文章里写，他妈妈去世，他感觉到“唉呀，我们要直接顶着天了，没有妈妈的庇护了”。我当时就是这种感觉：“唉呀，我是孤儿了。”当时我都六十多岁了。这种感觉是天性，很自然的。

辗转求学

五换小学

一九二九年，我六岁了，到了上学的年龄，得上初小了。当时父亲在武汉的五十八师当副官，没办法管我。我祖父也不太管我。我首先进的是外祖母家黄坟集上的一所小学，读了一年半。学校在一座破败的大庙里，进门就是面目狰狞而滑稽的四大天王，还有一群红眉毛绿眼睛的判官、小鬼。这些牛鬼蛇神看着我打开生命中的第一本新书。

当时我有个姨父姓习，是一个体育音乐老师，多才多艺，他在郾城师范当教员，教体育和音乐，就把我带到郾城小学读书，住在他家。

郾城实际上是比较大一点的镇，非常破败，很穷。但是郾城师范和小学比郓城的学校都要好，可能是那里有几个知识分子，和国民党或者共产党有什么关系，这两个学校办得非常有生气。我印象最深的是，一进鄄城小学，迎面的照壁上，写着四个大字“以党治国”，这是孙中山的话。我的第一首革命歌曲就在这里学的：“打倒列强，打倒列强，除军阀，除军阀，国民革命成功，齐欢唱齐欢唱。”就是现在小孩子喜欢唱的“两只老虎”的曲子。

在那里我读了大约一年半的时间。不知怎么回事，我的五姨突然说有神灵附体，经常做各种预言。她跟妈妈说，不得了，最近四姨父和我都会有灾难。这样，老家专门派来人把我们两个人都喊回去了，把我姨父气得不行。这样我在外祖母的黄垓集这里又读了半年书。

民国的学制是初小四年，高小两年。初小升高小，要经过正规的升学考试。我初小毕业，就要到郓城考高小了。县城有两所小学，一所是郓城第一小学，一所是第十小学。第一小学家庭环境比较好的孩子多一些，校风比较奢侈，十小则比较朴实一点。四姨父在郓城师范教书，我就还是跟着他，先在第一小学读了一年，又把我转到十小。记得高小的第一课，老师就讲李煜词《虞美人·春花秋月何时了》，说“往事知多少”是不知多少，我很感兴趣。

山东郓城，也就是《水浒》里说的及时雨宋江的老家。郓城离梁山不远，从杨村走过去大约五十里的样子。站在家门口看梁山，那就是远处一片云彩一样的小山了。

郓城是座古城。说它是古城，最重要的标志，是有一座塔，叫唐塔，却没有塔顶。传说，唐朝大将尉迟恭修唐塔时，一阵风把塔尖吹到巨野县了。我记得唐塔很高，小时候爬上去一次，站到最高那一层，只站了一会就赶快下来了。那塔上的风吹得人好像马上就会掉下去似的。

既然与宋江挂上了钩，这里自然不少地方处处留下与水浒相关的传闻。比如我上小学时经常路过的一条小巷子，就叫乌龙院，宋江住过的地方。外祖母住的那个镇，叫黄垓集，传说就是晁盖他们智取生辰纲的黄泥岗。黄垓集的东门外，姑妈家住的地方叫祝河口，则是宋江“三打”的祝家庄。托塔天王晁盖家在城南的晁垓。宋江老家在城西宋集。阎惜娇家是城东阎垓。郓城城东有一条河，就叫宋江河。河上有一座小石桥，那也是我上学的必经之路。

我读书不太用功，加之总是换学校，成绩也不太好。但初小升高小的入学考试，我居然顺利过关，大人很高兴，奖我一块银洋。我也不知道怎么用，办完入学手续回家路上，莫名其妙地走进县城中唯一一家书店，东瞧西望，眼界大开，但认不得几个书名，顺手捞到一本图书，灰色封面，认得其中一个“水”字，莫名其妙买下来，用去七角大洋。

第一次进书店买到的第一本书，拿回家中随手翻翻，很多字不认得，也没有小孩子喜欢的图画，看不下去。当时我跟着姨父读书，他看了看，笑了，这是《水浒》，就是讲的郓城的故事，是咱们地盘上的事情啊！知不知道那梁山一百单八将，郓城占了七十三。

我一听这个兴趣来了，硬着头皮磕磕绊绊读起来。不过郓城老乡几乎没有哪位留下印象，反倒对醉打山门的花和尚、打虎的武松、大闹江州的黑旋风，佩服得五体投地。印象最深的就是“武松打虎”那一段，真是百读不厌。说来有趣，我作文原本写不好，自从那个假期看了这本书，开学后我的作文仿佛无师自通，突飞猛进，一再受到老师好评。

当年我七角大洋买的书，后来才知道，原来是由民国著名的出版家汪原放主持的亚东图书馆出版的，特别标明“新式标点本”。这个版本有陈独秀作序言，由胡适考证，这是用新式标点来翻印旧书的第一次。鲁迅先生还特别在一篇文章中赞扬。可惜我这本书后来在抗战流亡途中丢失了。

读过这本原版的《水浒》后，我对那些儿童版的名著就没有什么兴趣了。记得高小一年级，我参加郓城的小学生演讲比赛得了奖，教育科长将商务印书馆出的儿童版的《红楼梦》亲自奖给我，但我没有什么兴趣，没有小孩子喜欢的故事，看不懂。《红楼梦》我是后来很晚才读到的。《三国演义》的连环画倒是读得早些。《水浒》这部书，此后我又读了无数遍，可以说是影响了我一辈子，对我一生为文，影响很大。《水浒》的语言半文半白，非常简洁，特别是笔墨之间气脉贯注、跌宕起伏，很有气势，非常耐看。

还有一本影响我的书是《聊斋》。我认为这部书是中国文言小说的顶峰。我很小，还不识字的时候，祖父抽鸦片，我就趴在他的那张鸦片床边上，他拿本《聊斋》，随便我翻到哪一篇，他就给我读那一篇，讲那一篇。我还记得有一篇叫《青凤》，有只狐狸，变得很小很小，在一位书生的腰带上趴着。

书生回头一摸，只觉有个东西掉下来，竟变成一个美女。《聊斋》里这样奇艳的故事，给我很深的印象。

我后来可以写点东西，还是因为有了这些古文的底子。小学刚毕业，我就能写短小的文言文了。说起来好笑，我的第一篇文言文，竟是一封情书。

抗战流亡时，我跟着父亲所在的菏泽师范走到了湖北一个叫老河口的镇上，上不了课，就等在那里。一位女老师要跟我说亲，说是有一个叫孔庆云的女同学，很不错，女老师还跟我父亲也说了这件事，父亲也觉得这个女孩子不错，竟也同意。于是女老师要我写一封信给孔庆云。这封信里面的几句话我到现在还记得：

庆云女士妆次：

流亡途中，得窥芳姿，一缕情丝系诸女士身上矣。以不得交一语为恨。专此布达，恕不一一。并颂时祺

名不具

那时我才十五岁，这么小的孩子能写这样的句子，那位女老师很吃惊。孔庆云收到这封信，还写信把这件事告诉了她舅舅。后来听说她比我大三岁，大人不同意，这事便不了了之了。很多年后我们都成老头老太了，在北京见面的时候老同学们还拿这件事情打趣呢。

所以我觉得让孩子从小多读经典，对孩子的文学启蒙、文

化熏陶还是很有好处的。也许孩子太小读不懂，但他记忆力好，慢慢长大了，就会懂的。

三换初中

一九三四年，我小学毕业了，要升初中。那时候不是统一考试，都是学校自主招生，但是有一个不成文的约定，名声好的学校招生排在前面考，比较差的学校在后面考。省立六中是当时山东最好的中学之一，刚刚改名叫菏泽中学，梁漱溟还去那里讲过课，被称作“江北第一名校”。

我和几个同学，从郓城到菏泽去参加菏泽中学的考试，有二百四十里路，坐着牛车去，结果一发榜，没考上。我们几个又坐了牛车去济宁。当时我父母在山东济宁，梁漱溟当时在山东邹平搞乡村建设研究院，在济宁办了一个乡农建设人员的训练班，培训乡建的干部，由梁先生大弟子陈亚三先生主持，他也是我父亲在省立六中的同学，我父亲就在这个班里当事务。所以我跑到济宁去考那里的第七中，也没考上。再和另外几个同学去泰安三中考试，还是没考上。一连考了三个学校都没考上，只好回济宁。不过我一点也不着急，糊里糊涂的。还好，济宁这里有一个德国教会办的中西中学，一考就考上了。

我在济宁的中西中学读了一个多月，我父亲就要调到菏泽师范去了。因为在济宁的训练班结束了，陈亚三转任菏泽县长兼菏泽师范校长。我父亲也要去菏泽师范。因为我原来没有跟父母在一起住过，很想和他们待在一起，我母亲走的时候我就不去上学，在家拼命哭，父母就只好带着我去了菏泽。

记得当时我在济宁家里准备考试时，常看到乡建培训班学员队列走过大街，步伐整齐，口号响亮，一色灰制服，有一股青春焕发的英武之气，着实令人振奋。

为什么梁漱溟会到山东来搞这个乡村教育呢？梁漱溟先生自己写过一篇文章，很详细地提到了这个过程。我的家乡郓城，后来也变成乡村教育的实验区。距杨村西南八里路有一个地方叫戴老人集，我四爷爷之前一直在这里当区长，他很有社会活动能力，经营酒厂，一大栋房子都是他经营。郓城搞实验区后，区公所也变成了乡农学校，四爷爷就变成了校长。乡农学校政教合一，劳武合一，学校的学员就是当地年轻的老百姓，在这里训练，上课，就像民兵。梁漱溟后来在延安曾与毛泽东交谈过，他们的乡村建设理念有相通之处。

梁漱溟曾提到，是当时的山东省政府主席韩复榘支持他们来山东办乡村教育的。韩复榘这个人，民间流传着他的很多笑话，比如“十几个人穿着裤衩抢一个球”“没来的请举手”等，总之，说他是个没有文化的大老粗。

其实，韩复榘可以把梁漱溟先生带到山东来搞乡村教育运动，是很有想法的，绝不是人们所认为的文盲。他出身书香门弟，字写得很好，也很重视教育。他曾任命何思源当山东省教育厅厅长，并从不拖欠教育经费。何思源是山东菏泽人，也是省立六中，即菏泽中学毕业的，是何鲁丽的父亲。我后来在四川国立六中有一位同班同学叫章曙，也是山东人，他家里很穷，几乎不能上学，当时他的父亲在韩复榘的政府里当文书，韩复榘知道后，就资助章曙读书。

章曙后来是新中国的第一批外交官，是我国在联合国工作的第一批国际职员之一，曾任驻比利时大使兼驻卢森堡大使、兼常驻欧洲共同体使团团长，驻日本大使，后来当过外交学院院长。他有一个女儿，就是后来成为中国外交部新闻发言人，被媒体称为“北京美人”的章启月。

梁漱溟的乡村建设在山东有两个实验区，菏泽是第二实验区，菏泽师范就是乡村建设师范，原来的第五师范。我们到菏泽的时候，菏泽师范和菏泽中学都开学一两个多月了。但有一个私立的南华中学，还有补招生。我就去了，勉强上了南华中学。

当时我比较调皮，上了一学期后，记不住是什么原因，反正是对学校不满，可能是因为老师打学生，我领头罢课，学校就把我给开除了。我在南华这个学期精神很痛苦，受不了。我小的时候显得特别漂亮，中学生男女分开，这个学校全是男生，大一点的学生有时候威胁小孩子，我常常受他们带侮辱性的威胁，精神很痛苦。我有一个月逃学，也不跟家里说，天天去听评书，父亲也没发现。后来我父亲偶尔遇到一个南华的老师，问你家孩子怎么没来上学，事情才败露了。不过父亲也没有骂我。

我被开除了后是冬天，学校放假了，没学上。我父亲所在的菏泽师范有个简易师范部，我就上了这个简易师范部。这是一九三七年的下半年。学校还没开学，抗战就爆发了，学校里都住了军队，没法上学，接着就是天灾。八月一日，菏泽发生大地震。从此，我的生活就开始动荡了。

感受宗教情怀

我在济宁中西学校待的时间很短，大约只有一个月时间。但在这所学校里，我第一次感受到宗教的情感，这对我也有蛮大的影响。

我一直认为，哲学、宗教和诗在本质上是一回事，都是心灵的寄托。哲学是思辨的，宗教是情感的，诗歌是心灵的，它们都很容易感染人。中西学校是外国人办的教会学校，教导主任是德国人，会说中国话。这里的宗教氛围非常强烈，学生很多都是基督信徒，每天早上五点多钟，学校就开始敲钟，那些信教的小孩子，一骨碌爬起来，跪在那里做祷告。每一餐吃饭前也都要先这样祷告。慢慢地，早晨那些小孩子钟一响一蹦就起来做祷告，我也就慢慢跟着去了，很受感染。

后来我在兰州，因为我的一个很好的朋友，再一次强烈地体会到了这种宗教情感。

我这个好朋友叫刘可牧。他的父亲曾经创立了基督教的中国派别，创造了一个字：㝛，意思是良好的家。据说这是中国人自行创建唯一的基督教教派。

刘可牧的父亲是山东临沂人，家里颇有家产，本是传统的读书人，后来成了革命党，是同盟会员，以传教布道为掩护。听刘可牧说，他父亲当时名气很大，当时人们要是给他父亲写信，只要在信封上写“南京刘牧师收”，不必写具体地址，他就可以收到。

有一次，刘老伯接到上级指示，要他去刺杀南京清朝政府的一个高官，武器就藏在一部内页挖空了的精装巨制《圣经》里面。刘老伯知道自己这一去也逃不出来，头一天晚上就翻读《圣经》，随手翻开一页，就读到“凡杀人者必死于刀下”这几个字，突然间心灵受到很大的震撼，觉得自己不能杀人。第二天，他竟然拿着《圣经》到那位高官那里去自首，大约是这位高官也被他的这种行动震动了，或许是刘老伯本身的声望很高，总之他没有追究，刘老伯从此便离开南京，洗手不做革命，变卖全部家产，带着老婆孩子开始了漫长的传教过程，并创立了这个教派。我曾多次听刘可牧说过，他小时候被父亲背在背上，迷迷糊糊，半饥半饱四处奔波的情景。

后来我和刘可牧一起在成都考取了在兰州的西北公路局站务人员训练班，一起坐大卡车去报到，沿途就和他一起去拜访过刘可牧父亲的大弟子段才聚，几次借住在他家里，见识过教徒们做祷告的场面，又一次亲身体会到了那种令人震动的宗教气氛。我在中西学校读书时，虽然也感受到了，但那些教士、牧师、修女给我的印象是亲切随和但又有点矜持，难以亲近的，而刘老伯这些弟子们，热情、坦诚。

二十世纪八十年代，山东有位素不相识的大学生给我写信，他说我的诗里有一种宗教情感。当时我还觉得很吃惊，但后来一想，可能也和我在中西中学和兰州直接接触过宗教有关吧。

宗教情感，真是一种很强烈的内心的情绪，非功利的，很纯粹。很多纯粹的人都有宗教情感。像毛泽东评价晏阳初，是“以宗教家精神从事平民教育”。我们本来以为晏阳初有钱，他在国外那么有名气，还被美国评为二十世纪十大革命性人物，地位很高。结果他去世之后，才知道他几乎没有任何遗产。他的两个女儿也在美国，回中国来，都是跟着旅游团一起回来的，真是了不起。我们小时候，像黄垓这样的小镇，赶集的时候都有人散发那种石印的教会宣传单。职业的宗教活动家真是不得了。

也算抗日少年

菏泽大地震那天，天气特别热，早上五点钟下大雨，我睡着睡着突然惊醒了，发现房子在摇晃，马上使劲大声喊，全家人都惊起来，冲到大雨里去了。连续三个月，我们都不敢进房子，都是搭的草棚住在外面，还有几个晚上我们去了一个小学校，把教室里的课桌搬出来，睡到地上。当时三分之一的房子垮了，无处可逃，也不敢到屋里拿东西，拿一点赶快跑。

一九三七年冬季，侵华日军进入山东。菏泽专区，也就是菏泽乡村建设实验区，调集所辖的各县乡农学校学员八百多人，到菏泽县城东北的赵楼集训，并搞了一个政训处主持此事，名为武装抗日，具体负责的，是菏泽师范即第二乡村建设师范教务主任高占非先生。我是这个学校的学生，就和几位同学找到高先生要投笔从戎，抗日救亡。高先生欣然接纳，把我们七八个十四五岁的孩子编成少年抗日宣传队，穿上肥大的棉军装，住进帆布搭起的大帐篷，与乡农学校集训学员们，同吃同住同操练，也算是个有组织的抗日少年吧。

政训处的工作人员，大多是北平流亡学生。据说有的还是从延安特聘而来，这是我第一次知道延安，也是第一次领受同仇敌忾的洗礼。那些年轻学员，大约也是第一次这么痛快地大块吃肉，大口吃白面馒头，学文化、学政治、学军事。但是，他们从此以后，便开始了漫漫长征路，背井离乡，和家人告别的机会都没有。我离开政训处，随原来学校开始流亡之后，听说在一个隆冬之夜，专区的正规保安部队包围了营区，收缴枪支，编队南下，向不可知的远方走去。后来四川大足专区，又出现了乡村建设实验区，专员就是原来的菏泽专员孙则让。但那些乡农学校的学生的消息，却再也没有听说过了。而我自己，也从一九三八年元旦离开山东，开始了千里的流亡生活。

回想起来，我从小就没有系统地读书，离开家乡时还不满十五岁，小学就读了五所学校，初中也是先后进了三所中学。这是个缺点，但也有好处，什么环境都能很快地适应。我十三岁就住在学校里，完全自理，虽然自理得很糟。一到冬天满身虱子，回家我妈妈帮我洗衣服，要烧开一大锅子水，将衣服放到锅子里煮。我虽然知识学得不系统，但独立生活的能力强。我从山东到四川的千里流亡途中，也没有什么不适应。

千里流亡

感受悲凉

一九三七年七月卢沟桥事变不久，十月份日寇就侵占了山东德州。当时的山东省政府主席韩复榘所部及机关向鲁西南撤退。当时的山东省教育厅厅长是何思源，就组织山东各学校的师生，由老师带着学生，学校成建制地离开山东。山东省教育厅正式将这些学校命名为“山东联合中学”，杨展云任校长。一路上政府拨款，还给老师发工资，师生有组织地沿曹县、许昌、南阳一线向南流亡。徐州失守后，山东联合中学迁至郧阳一带，改名“国立湖北中学”。

一九三八年十月武汉失陷后，年底，国立湖北中学经安康、汉阴、石泉、西乡、城固、汉中、广元等地，行程六千

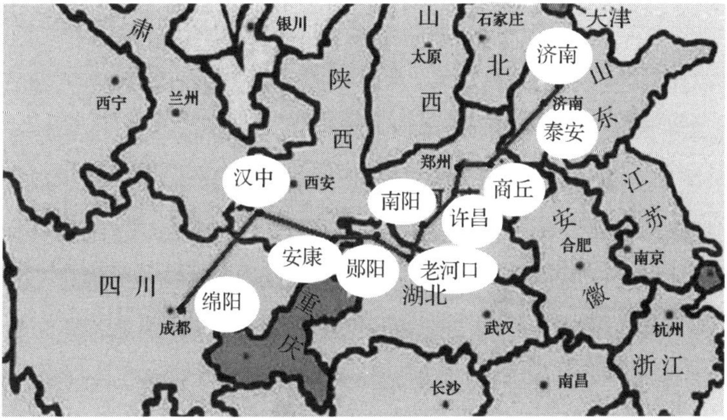

从山东到四川千里流亡路线

里，历时两个多月，到达四川省绵阳，改名“国立第六中学”，并成立了四大分校。这个是何思源的大功劳。

一九三八年的元旦，我也跟随山东菏泽师范的同学一起离开了山东。当时我还在读中学，因为父亲在山东菏泽师范工作，我就跟着他走，穿一双布鞋，也没有什么准备。相比其他同学，条件要好一点，但也是第一次体会到国家破碎，有家不可归的悲凉。这种感觉是一辈子都难以忘记的。

我记得有一天，我们从山东曹县进入河南民权县。在两县交界的地方，有一道防黄河泛滥的河堤，过了这个堤，就算进入了河南地界。站在河堤上四面一看，到处都是沙土，几乎看不到村庄。我虽然当时年纪小，还有两百多名同学和老师一块走，但第一次离家这么远，看到四周这么荒凉，冬天风又大，突然有了一种很悲怆的感情，一种沧桑感。这是我人生中第一次体会到。

大约快到了黄昏，我们一行两百多人才到了民权县城下。当时山东、河南这一带土匪很多，民权县发现一下子来了这么多人，不知道是做什么的，还以为是土匪，不管老师怎么交涉也不准我们进城。后来我们只好绕过民权县，到了一个小村子才吃上晚饭。

第二天，我们到了民权火车站，不花钱坐火车，有的站在车顶上，有的坐在货车里，没走好远就到了开封。在这里虽然没有亲眼目睹，但也算遇到一件大事。我们在开封过夜，天快黑时来了飞机，也不知道是做什么的。后来才知道，是蒋介石在这里召开军事会议，逮捕了韩复榘，说济南失守是他不战而退，把他押到武汉枪毙了。这其实是蒋介石扫清地方杂牌部队的手段。我们在开封就遇到了这回事。

第二天火车到了郑州，我们这批菏泽出来的学生，包括菏泽中学与菏泽师范的学生，三百多人不下车，直接上许昌。当时许昌城里已经有很多山东的学生了，人满为患，我们没有住在许昌城里，而是住在城北一个叫尚集的地方，在这里过了春节。

到了尚集，虽然还算是北方，但是已经开始有一点南方的风光了，我第一次在这里喝到了甜酒，以前在北方没见过。这期间何思源也到过许昌，给我们讲过一次话。具体讲什么不记得内容了，只记得他的样子，个子不高，戴着眼镜，一看就是知识分子。

汉江幸免于难

春节后，我们从许昌开始步行，当时战局急转直下，华北大片沦陷，平汉铁路不时遭日寇空袭，上海、南京失守，许昌实在不能住下去了。根据教育部的指令，山东教育厅实施了新的迁校计划，把山东的学生全部南迁。

不记得走了几天，我们进入湖北省界，到了一个叫老河口的大镇。

这个地方在湖北省有“小汉口”之称，是从汉江上游到中游之间的一个大镇，很繁荣。我们在镇上住了有两三个月，我记得到了五月，穿很薄的衣服了，我们还在这里。我在这里第一次真切地感受到南方的风光，汉江两岸绿树成荫。

我们住在赞阳中学学校里，只是偶尔上上课。平常学生很重要的事情，就是搞抗日宣传。我在这里第一次上台演抗日话剧。我小时候长得很漂亮，在话剧里演了一个小女孩，扎着小辫子。那时候女同学是很少的。具体是什么戏我不记得了，在这里演的戏不多。

我从家里出来一直到老河口，都是跟父亲在一起，我的境况比其他同学也要好一些。那时候年纪小，每天跟着父亲，吃饭就吃饭，睡觉就睡觉，一点也不觉得累。菏泽中学的师生走的是另一路，后来都到了老河口，然后一起沿汉水上游走。当时山东联合中学中学部设在郧阳，师范部设在均县，我跟父亲要先坐船到了均县后，有二三十个同学要到郧阳去上中学。没想到，就在从均县到郧阳的水路上，发生了一件惨案。

当时我们有两艘船，一艘船坐的是女同学，另一艘船坐的是男同学，都装了面粉等不少吃的东西。走了两天，下起了大雨，我们到了汉江边一个镇，船就停在岸边。我当时年纪比较小，本来坐在女同学的这艘船上，雨刚一停，有一位姓孟的老师不知怎么，要我坐到了男同学的船上。这一换船，居然使我得以与死神擦身而过，捡回一条命。

开船后，纤夫拉着女同学的船先走，船上有二十六个女同学，我们的船跟在后面，走着走着，突然纤绳断了，女同学的船直往下冲，冲了没多远，船就翻了，老板想救学生上一艘小船，但没有什么办法，女同学全部掉到江里。我们当时全都下了船上岸，在岸边追着船跑，眼看着小船翻了。

孟老师当时也坐在我们这条船上，他的两个女儿都在那条船上，他大声喊自己的女儿抱紧木头，但还是眼看着她们淹死了。我们一直跑啊跑啊，发现有四具尸首冲到了岸边，还有一个女同学被救活了，叫侯昌文。到四川后，她还和我是同班同学。

那是我第一次那么近地看到死亡，但小孩子对死亡这件事情好像不是特别害怕，整个过程我都看到了，却不知道害怕，也不懂。

山东联合中学汉江女生溺水案，当时轰动全国，几大报纸都有报道，教育部设专案调查处理并善后。后来，李广田老师专门为这些女生写了一首诗——《祭奠二十二位少女》：

唯愿世间完全干枯，
也不要一滴清露，
免得它照见花影，
惊破了多泪的魂灵！

但完全干枯又有何用？
最难晴朗的是我的眼睛。
是谁把二十二个美丽的生命，
送到寂寞的鲛人之深宫！
“俺们还不如杀敌而死！”
我仿佛听到她们在哭诉，
当绿满断岸的暮春时节，
激怒的波涛化作一江寒雾。

这是一首凄婉而深情的挽歌！

郧阳秘密出走

大约是一九三八年春天，我们到了郧阳之后，学校师生大约有上千人了，叫作国立第八中学，直属教育部管辖，后来学校又改名为“国立湖北中学”。

我们在这里住了大约半年时间，住在一座很大的文庙里。郧阳是座山城，在汉江北岸，文庙就在汉江边的山坡上。这个地方地势很险，江涛汹涌。当时是夏天，郧阳这个地方潮湿炎热，雨下得多，很多师生还不习惯，水土不服，消化不良，上吐下泻，患疟疾、疥疮的也很多。

当时学校的伙食虽然不太习惯，但一日三餐还是管饱，早上和晚上吃稀饭，中午有米饭，是当地的糙米，还算是好的。我记得稀饭装在一个很大的椭圆木桶子里，像个大澡盆子，一开饭了大家都争着去舀。基本上也没有什么菜吃，每个班发一碗黄豆苗，一圈豆苗刚好盖着碗底。菜一上来，小孩子的眼睛全都瞪圆了，几下子就没有了。当时印象很深的，还有这里的核桃，皮很薄，个很大，比花生还便宜。

我真正开始搞抗日宣传也是从这里开始。这时候我读了很多话剧剧本，后来写文章开窍，也是在这里打了一点基础。我们上课不太正规，学生主要是搞抗日宣传活动，成立了很多抗日救亡宣传队，影响最大的，是济南一中的狂飙剧团。这个剧团的名字，是李广田老师起的，借十八世纪著名的德国文学革命狂飙突进运动之名，团长是济南一中的音乐老师瞿亚先。其次就是鲁声话剧团，就是由菏泽中学的学生组织的，我也参加了这个剧团，有二三十个人。这个剧团的团长是岳野，也是郓城人，岳野后来加入了由周恩来领导的抗敌演剧队第五队，新中国成立后是著名的编剧。

在郧阳时，我们演的都是独幕剧，没演过大戏，也就是在台上唱唱歌、跳跳舞之类。

当时学校的民主空气比较浓厚，各种进步书刊可以自由阅读。学生可以办壁报、剧团、歌咏会、读书会，都可以自由活动。但因为全省的学校都集中在那里，学校和学校之间的传统不一样，校长和校长之间，老师和老师之间，学生和学生之间，都有矛盾。比如菏泽中学与济南一中就有矛盾。济南一中学生比较开放，思想活跃，济南一中的校长叫孙东生，是山东城武人，他是北大的学生，遵循蔡元培的办学方针。菏泽的学生相对来说要封闭一点。我本来是菏泽中学的学生，但是鲁声话剧团的成员和济南一中的学生关系都很好，可能因为大家思想都比较活跃一些，有共同语言。当时国立湖北中学的首任校长是杨展云，因汉江沉船淹死二十二名女生事件下了台。继任者是宋还吾，只有几个月就因病去世了。这样第三任校长就成了各派系势力角逐的对象。济南一中的校长孙东生，则是很有力的候补者。

孙先生当时是共产党的同情者。当时他的弟弟从延安来到郧阳，宣传和组织进步学生，奔赴延安。孙老师就支持自己的长子去了延安。他是北大毕业的，向往蔡元培办北京大学的精神，提倡办学兼容并蓄，倡导民主自由的校风，得到很多开明、进步师生的支持，希望他能出面领导全校。这样，他就成为另外一些人集中攻击的目标。这些人利用青年人的幼稚和地域、门户之见，制造流言蜚语，甚至挑动学生斗殴，扬言要痛打孙东生，把他赶出学校。本来已经十分混乱的学校更加混乱了。当时，武汉已经失守，学校到哪里去，成为数千名师生最关心的问题。在这种情势下，孙东生采取了一个非常行动，带一部分师生先行入川。为了避免行动时被另一部分学生拦阻而发生大的斗殴，决定凌晨秘密出走，离开郧阳。

我记得一九三八年十二月一日凌晨，几个大一点的学生喊我起来，打行李，说跟济南的学生一起走，跟孙东生上四川。我一跃而起，捆扎行李，投入队列。后来有一个姓蒋的校长知道了这件事，天不亮就赶到汉江边来送我们，老师和老师抱着哭。我们渡过汉江时，天还没有亮。

初见李广田

郧阳出走，渡过汉江后，接着我们就开始爬大巴山。这时我才真正知道什么叫作山。过去都是走的平路，而这里的山都很陡，只有很窄的小路。不过当时年纪小，也不觉得苦。黄昏时我们住到了一个小镇上，叫茶店子。孙东生很开明，专门来到我们话剧团，把我们喊到一起讲话，说还是要搞抗日演出，并把李广田老师介绍给我们，说他就是我们的艺术指导。

这是我第一次见到李广田老师。多少年来，初见李老师的印象一直历历在目。稍矮但挺直的身材，一件褪色的蓝布长衫，一双鞋底套着龙须草鞋的黑布鞋，一根齐肩高的竹杖，向后梳的乌黑长发，红脸膛，严肃而温和，沉静地微笑着站在我们面前。

第二天，我们沿汉江西上，一直走山路，第三天到了一个叫黄龙滩的小镇，才又看到了汉江。在这里，我们三百多人分成了三队走。李广田带着我们一百多人走，路过北水等几个县城，一路上演出《放下你的鞭子》等这些简单的话剧。基本上是走一天，到一个地方，演一场小话剧，吃饭睡觉，第二天再走。那时候是十几岁的小孩子，也没有觉得什么辛苦，有饭吃、有地方睡就行。我记得走得最远的一天走了一百五十里路。一般都是十七八岁的大同学早晨四点多钟就要出发打前站，找到睡觉吃饭的地方，学校，或者文庙，地上铺上稻草就算地铺了。

走到陕西安康时，我们在这里住了两三天，鲁声话剧团就不跟大队伍一起走，而是独立走了，主要精力放在做抗日宣传上。李老师也就没带我们了，他随学校大队进入四川。我们二十几个小青年，完全独立，沿路走走停停，进行抗日救亡宣传。这些地方比较偏僻，平常也没有什么娱乐活动，很欢迎我们演话剧，一般都是在广场上演出，看戏的人山人海，当地政府很欢迎，还帮我们搭台子。在安康我们开始演大戏，印象深的有一个叫《古城的怒吼》，是有名的抗战话剧，马祥改编的，根据一个法国的名剧改的；还有一个叫《前夜》，五幕大戏。我主要演小一点的青年学生角色。

不久，我们从安康到了城固。这是个小县城，我们经过那里时看上去还是很破败的小城，我们经过之后，西北联大，就是天津大学、北洋大学为主体的几所大学一起迁到了这里。后来牛汉就是考到这里读书，著名翻译家曹靖华等都是在这里当老师。当时北大、清华组成的西南联大迁到了云南昆明。

过了城固，我们就到了汉中。到汉中的时候，我们的同学都已经过完了，我们这个话剧团是山东最后一批学生。汉中是比较繁华的城市，是陕南的中心城市，本来在这里应当好好演戏，但是因为大队伍从汉中过的时候，一些学生就像伤兵一样到处闹事，和当地人发生冲突，引起当地政府的不满。我们虽然只有二十几个人，当地政府也不要我们演戏。我们就住在汉王台，就是

李广田

刘邦早年在这里住过的地方，当时是汉中的图书馆。

在汉中，我们年纪大一点的同学在汉中图书馆买了《大众哲学》等一批进步书籍。我真正开始自己读书，就是从汉王台开始的，但那时候也没有什么具体目标。我印象中最深的，是一本书叫《钢铁是怎样炼成的》，很厚，不过我也没有看内容，当时就是觉得很奇怪，我还以为这本书是讲炼钢的。

抵达罗江

我们在汉中过了阳历年，领到了新发的棉衣，就沿着川陕公路南行，开始往四川走。这就真是像走进了一个历史的大课堂了。

第一天我们住的地方叫勉县，这里就是《三国》里诸葛亮用空城计的西城。勉县附近是褒城，这是个古老的城市，我们经过那里时看到很大的摩崖石刻，褒水里面有一块很大的石头，上面写着“滚雪”，据说是曹操用马鞭在上面写的字。城里有个伤兵医院，我们也到医院去慰问演出。从这里再往西南走，第一个县叫汉源县，就是汉江发源的地方，我们到了这里开始过大巴山，走了几天我也不记得了，然后到了宁强县，是陕西的最后一个城，过了这里就进入四川了。

四川自古地势险要，我们先过大巴山脉的险隘五丁关。据说秦始皇前几代，为了进四川，派了五个力气最大的人来这里修路。过了五丁关就进了四川，沿途三国逸事就多了，还有唐明皇的“闻铃雨”，过了闻铃雨就到了剑门关。我们是真正步行过的剑门关，路很陡，很险，但小孩子那时候无所谓，背着行李走，有几个大的同学很早起来打前站，搞饭菜吃，我们跟着走就行。

过了剑门关就是剑阁县，我们在这里待了有一个多星期，演了几场救亡话剧，受到县长的欢迎，他还到演出的地方去看我们，招待我们吃了一餐饭。过了剑阁就是梓潼，这是文昌帝的老家。

从剑阁到梓潼有一段非常美丽的青石板路，有十几二十里路，叫翠云廊，几十里路两旁全是树，据说是张飞在两边种的树，虽然是冬天但都是常绿树，一路走来心旷神怡，真是很美的景色。到了梓潼时，学校的大队早就到了，这里已经是国立第六中学的第二分校了。我们则被分在国立六中的第四分校，在罗江，这所分校大多是济南一中的师生，也聚集了济南其他学校来川的流亡学生。校长就是孙东生。

这样，从一九三八年元旦离开山东，到一九三九年初春来到罗江，一年多的流亡生活终于结束了。说起来，我当时年纪比较小，一路上并没有怎么觉得艰苦，现在回想起来，这段经历对我的影响还是非常大的，虽然当时吃得也不好，条件也艰苦，但在大自然中沐风栉雨，每天走上一百多里，直到现在我脚上还有一个当年千里行走留下的印记，脚踝关节这里有点突出。这对身体和意志都是一种很好的磨炼，以后什么样的环境都能适应。

当时这样的千里流亡，不仅磨炼了人的意志，增强了体质，也真切地接触到了当时的社会现实，对国家的现状有一种真切的了解。一路上我们路过大山区，那里非常贫穷，基本上看不到什么人。李广田老师一路上写了很多日记，后来出版了，真实地记录了当时的社会现状。

我记得到罗江后的第一个除夕，我们郓城的六七个同学坐在一起聚餐吃饭，吃着吃着就抱头痛哭起来。因为我们想家了啊，都还只是十几岁的孩子呢，一年多来六七千里路，体会到的家国情怀是十分真切而深沉的。记得那时候一路上我们最爱唱的几首歌，一首叫《牺牲到了最后关头》，有一句歌词我现在还记得："向前走，别退后，牺牲到了最后关头"；还有《大刀向鬼子头上砍去》《起来，不愿做奴隶的人们》《松花江上》等，这些歌唱起来让人格外有劲头，爱国的情怀就是在这样潜移默化的感染与真切的体会中培养起来的，对人的影响可以说是一辈子。

罗江受业

小城罗江

一九三九年初到一九四一年初，我在国立第六中学第四分校学习，在罗江度过了整整两年时间。这两年对我的一生是至关重要的，可以说影响了我的一生。在李广田老师、方敬老师的启迪和指导下，我走上了革命的道路，同时终生保持了对文学的强烈热爱。虽屡经坎坷，却至今不悔；不仅不悔，而且总是怀着感激的心情，把在罗江受业的两年，看作一生最幸福的际遇之一。

罗江是四川的一座小县城，有东西南北四个城门，南门外有一座山，叫文笔峰，老师曾带我们去露营。西门外有一个小山坡叫落凤坡，有三国名士庞统的墓，很高大，传说庞统就死

罗江，国立第六中学校门

在这里。东门外有一座石桥，汶江从桥下流过，每天早上起来，老师带我们跑步到河边去洗脸漱口。夏天，男孩子全都跳到汶江里去游泳。

从东门到西门是一条很整洁的柏油路，那个年代是很少见的，南北向是一条老街，两边茶馆比较多，能坐几百人的大茶馆就有两个，我们还曾在那里演过话剧。

当时我们上课是在县城里的一座丰都庙里，庙比较大，隔出了四间教室，庙里还有一个小戏台，改造成了学校的办公室，老师们都在戏台上办公。丰都庙还是老师宿舍和女生宿舍。二十世纪八十年代我们回罗江，就在这里我们当年贴壁报的地方，还照了相，房子都没有变。

城隍庙和文庙都是学生的宿舍。我们住在一座文庙里，破破烂烂的，庙里有一口井，大冬天的，我们男生一大早起床后什么衣服也不穿，跑到井边提一桶井水，从头冲到脚，淋得全身湿透。这个洗冷水澡的习惯我一直保持到现在。

城隍庙和文庙中间是罗江县图书馆，文庙的旁边就是县政府。当时这几座庙全部在一个公园里，还开辟了一个篮球场，场边有一片很高大的树林，很漂亮。我很喜欢打篮球，算是活跃分子。

当时学校生活还算过得去，给每个人发了布、针线，自己做夏天的校服、短裤。晚上都要晚自习，用桐油灯，大约两个小时，点灯草。顶多点三根灯草，一般两个人共用，九点钟就下课了。当时我们吃得还算好。两稀一干，早上晚上都喝稀饭。但慢慢到了一九四〇年下半年就不行了，物价涨得厉害，稀饭里还伴有麸子，吃了解不出手。有一个同学是学化学的，自己做肥皂卖。还有来自农村的学生，在学校的空地上挖一小块土，种菜，改善生活。

在罗江，我们当时面临最大的威胁是疥疮，差不多百分之百的同学都有。十几个同学睡一个大通铺，被子不洗，衣服换着穿，传染性很强。这个疥疮很难根治，喜欢发在腰间、胯间等地方，痒得很。那时候还有几句顺口溜，“疥疮一条龙，先从胯下行，腰里走三遭……”我记得那时候冬天到了晚上，我们捡来树枝在那个破文庙的空地上烧起一堆火，然后把衣服全都脱掉，围成一圈、屁股光光地对着火烤，然后你帮我，我帮你涂硫磺软膏。

当时罗江小县城因为有我们这些学生显得热闹。学生们很活跃，刚到四川没有正式上课，我们就到附近茶馆去演话剧，茶馆很大，里面能坐几百号人。当时我们有两个大的话剧社，一个是“狂飙”，一个是“鲁声”。一九三九年下半年狂飙剧团很多团员初中毕业后到了绵阳读高中，鲁声也去了一部分同学，我们就重新成立了一个剧团叫“十月”。这个名字是我取的，思想倾向性很强，已经开始接受苏联这一套了。我记得当时还演了吴祖光的一部话剧叫《苗可秀》，讲东北一个抗日游击队领袖的故事，我在里面演苗可秀的弟弟。

当时成都有个国立戏剧专科学校，设在江安，曹禺、吴祖光都是那里的教师。我很想去读国立剧专，一九四〇年暑假，我和两三个同学跑到成都国立戏剧专科学校去考试，只有我考上了，还是第五名。我准备上国立剧专，结果我父亲听说了后，坚决反对，因为那时候人们还是有点认为演话剧是当戏子的观点，父亲威胁我说，不给我寄钱，我这才没去。

“川北小延安”

在国立六中的五所分校里，第四分校应当说是当时最活跃的学校。这和校长孙东生的办校思想有关。

郧阳秘密出走后，孙东生先生带着我们历经千辛万苦，于一九三九年初春抵达了四川绵阳，孙东生也被任命为国立六中第四分校校长，我也在四分校读书，是他的学生。他在学校公开讲，他是蔡元培的学生，要自由开放办学。他在学校采取了一系列革新措施，学校面貌呈现出一片自由正义、蓬勃向上的生机。

孙东生先生胖胖的，身材魁梧，有个外号叫“孙大炮”，大约是说他直爽坦诚。他很支持师生的进步、爱国、民主运动。他的弟弟一九三几年就到了延安，他的孩子也送到延安去了。学校里没有三青团组织，同学们可以自由阅读各式书报刊，包括一些进步色彩很浓的。我们当时还可以看到《新华日报》，还可以自由结社，自由出版壁报，我们就出了名叫《十月》的壁报，做抗战的宣传动员，学校无偿给我们提供纸张、笔、墨。因此学校不仅校内墙壁上贴满了各种壁报，学校外面的街头上，也到处是我们各式各样的“大众救亡墙报”。李广田老师还亲自上街阅读，定期在全校师生集会时评比公布名次，他还亲自办了一本杂志叫《锻冶厂》作为发表师生文章的园地，同学们还可以自由组织读书会、座谈会。李广田等老师们在课堂上教的，也不是当时政府规定的国语课本，而是他们自己选印的活页“国文讲义”等，甚至有些共产党的出版物上的文章，也被选来在课堂上向学生讲授。国立六中第四分校也曾一度被人称为“川北小延安”。一九八二年春天，我到罗江旧地重游，遇到一位当年曾在这所学校当勤杂工的老人，他还说，当时我们四分校学校里的人都是些共产党。

孙东生还延聘了方敬、陈翔鹤这些进步老师到学校来任教。方敬、陈翔鹤当时已经是共产党员了，只是我们都不知道。方敬是北大毕业的，是诗人，散文家，是何其芳的妹夫。陈翔鹤是“五四”时期受到过鲁迅表扬的沉钟社的骨干，也是著名的诗人，新中国成立后长期在《光明日报》编副刊。方敬教英语，陈翔鹤与李广田教国文。这么一个两百多人的初中学校，有这么三个有名气的老师就可以了。恐怕现在大学有这么几个老师都不得了。因为他们在四分校，何其芳、沙汀他们都到学校去住过，去延安时经过罗江。

方敬他们也都是李广田的好朋友，是李广田邀请介绍来罗江的。还有从西北来的陶稷农。他们三个人都是地下党员，但当时李广田也不知道。他们之间有很好的友谊，在一起无话不谈。

孙东生在六中四分校开明治校，支持师生的爱国、民主进步活动，遭到反动势力的忌恨。抵达罗江后，当局召他到重庆去述职，几个月都没有回来，还有消息传来说要撤他的职。这引起了全校师生的极大震动，一面函电，坚决挽留，一面派出德高望重的一名老师，叫胡干青，到重庆去，表达全校师生坚决要求孙东生回学校的要求。几经曲折，孙校长终于脱险回到罗江。

这件事对于我们这个小小学校来说，是一场重大的胜利。我记得孙校长回校那天，全校师生，出罗江城数十里，热烈欢迎他。进校后，全体师生又自发集会，在这个集会上，李广田老师热情洋溢地说：去年十二月一日，我们离开郧阳。今年十二月一日，我们欢迎孙校长回校。一二、一，一二、一，是前进的口令。并以“一二一”为题，朗诵了一首诗：“第四分校，一二、一！/永远前进！一二、一！/一个步伐！一二、一！/一个意志！一二、一！/向着自由！一二、一！/向着光明！一二、一！/前进，前进！一二、一！”引来了全校师生如雷的掌声。

一九四一年皖南事变后，孙东生因“宣教三民主义不力”“有通共之嫌”，戴上了“红帽子”，被教育部调往偏远的宁夏地区办学。我后来也离开了四分校，曾经与他还有过一面之缘，但那以后再也没有见到过他了。听说他“文革”时被批判而惨死。我时常会想起这位校长。

秘密读书会

第四分校成立后，党组织派了陈翔鹤、方敬两名地下党员到学校里来活动。方敬是北大毕业的，一九三六年的党员，是学校的外语老师。陈翔鹤团团脸，戴眼镜，总是一脸笑容。他们在学生中直接发展了两名地下党员，一名叫张继乾，另一位就是刘守身。张继乾比我大一级，抗战末期在山东被日本鬼子活埋，壮烈牺牲了。他的夫人一直住在天津。新中国成立后，五十年代，她是烈属，应当享受相关待遇，但没有人给她办。她就一次一次往北京跑，有一次住旅馆，碰巧跟刘胡兰的妈妈住在一起，刘胡兰的妈妈帮她一起跑，后来才落实。

为什么地下党要派本来在成都的方敬到罗江去呢？因为四分校当时托派的势力很大，我们都受影响。当时我们有一位老师，叫阎子贵。这个老师从生活到仪表都和别人不一样，他个子高，独来独往，没什么亲密的朋友。他在湖北郧阳时，在全校教公民课，类似现在的政治教育课，常常对全校发表讲演。他看上去不苟言笑，但他说的内容很吸引学生。比如徐州大战时，我们都希望打败日本，他公开地讲，徐州守不住，很快会失守。他有一个观点，中国一定会打败。最早托洛茨基有一个观念，把国外战争变成国内战争，如果中国打败了，就可以发动国内战争。

阎子贵讲话很有条理，一些道理闻所未闻，很吸引学生。到罗江后，他三十多岁了，也不结婚。他给我们上公民课，实际上讲的是社会发展史这一套，原始共产主义、奴隶社会、封建社会、资本主义，都是他给我们的启蒙。开始我们同学都很崇拜他，是最有威信的老师，所以地下党派了方敬到四分校。

地下党的外围组织是读书会。这个读书会是半秘密组织，主要的活动除了读书外，主要出墙报，学校外面的墙都贴满了，壁报的名字是李广田亲自起的，叫“新地”。阎子贵在学生中发展了上十个人，都是铁杆的托派，比我们这个读书会更有组织性。托派和共产党一开始理论差不多，当时最大的分歧在托派认为中国必败。一开始阎子贵的威信很高，方敬去了后发展了党员建立读书会，主要目的就是反对托派。大约经过了半年以上的酝酿，才正式反击，原因就是阎子贵在托派学生里面有一个讲话，一个同学做了记录，结果这个同学把这个记录弄丢了，被我们拿到了。他讲话的中心意思是中国必败。这个最引起中间派的愤怒，我们就把整个的原稿在壁报上贴出去，这就引起了中间群众的强烈反对。当时壁报就把学校的墙壁都贴满了，还写了很大的字：“在列宁的旗帜下前进。”阎子贵也知道是反对他的，两派学生还发生了武斗，打起来了。阎子贵在一九四〇年的秋末离开了学校，据说先到了西安中央军校当教官，后来到重庆的《益事报》当编辑。

我参加了共产党的秘密读书会，也是很偶然的。托派成立读书会，也找了我，要我参加。我当时头脑很简单，比他们年纪都小，还没有自己读书的要求。我当时是不太用功的学生，成绩中等，作文很好，但数学物理都不行。我也不知道要做什么，参加托派的读书会要自己拿钱买书，我当时还没有自己拿钱买书的习惯。

为什么后来会参加方敬组织的这个读书会？也是偶然。方敬这边的学生也有很多书，有一天，我看到睡在一个宿舍的同学床上有一本书，我拿起来随便翻，是列宁的《帝国主义论》，翻开来有一句话，对我的思想转变起了决定性作用："国家是一个阶级统治另一个阶级的工具。"啊呀，好像恍然大悟，过去不知道国家是什么，流亡学生的生活艰苦，自己觉得是受压迫的，和这个思想合上了。偶然看到的这么一句话开始入心了，我才开始大量地读书，碰到什么书读什么书，除了列宁的书之外，《辩证唯物主义》，艾思奇编的很厚的一本书叫《哲学选集》……真是见到书就读，培养了读书的习惯。这件事成为我思想转变的很大关键。

当时罗江四分校里，有一位历史老师叫马克生。这个老师很有特点，他比其他老师年龄都大，大家都喊他马老师。后来新中国成立以后才知道，马老师很早就曾加入过共产党。但他教我们的时候闭口不谈政治。他教历史从来不带教科书。上课时自己在黑板上写，都是他自己编的，口若悬河。他的儿子也是在罗江，比我们小，和我同班，叫马祖光，是中国激光学的奠基人，中国科学院院士，哈工大的教授，已经去世了。

马老师为什么闭口不谈政治？也许是因为经历了很多事

情，看透了。他对我们学生很好、很亲切，我们从学校逃跑的时候，我和另外一个同学别的老师家都没去，就去了历史老师马克生家，对他说我们要离开学校了。他的生活也很贫困，他还是马上拿出一块银元，要我们到路上吃点东西。我们两人给他磕了个头，就走了。二十世纪八十年代，他在一所重点中学当校长，一九八六年我到济南看望了师母。

一九七四年，我那时在长沙铝厂，到武汉出差，住在武昌宾馆，天天在楼下的餐厅吃饭。突然有一天，有人打电话过来，问我，你看到方老师没有？我说，没有啊？他说，你不知道？方老师就住在你隔壁。啊呀，天天在一起吃饭，竟没认出来，我放下电话就到隔壁去找他，他一眼就喊出我的名字来。

方敬

陈翔鹤夫妇

文学启蒙老师李广田

在罗江的两年时间里，李广田老师一直担任我们这一班的导师和国文教师。我在罗江开始努力读书，除了受方敬老师的读书会的影响，也深受李广田老师的影响，读了大量的文学书，思想上也有了很大的进步。

我还记得我写的第一篇作文，是写我父亲送给我的一支笔。由于流亡途中我们一路演话剧，我读了很多剧本，所以这篇作文写得和过去的作文大大不一样。李老师在我的作文本上写了一句批语："词文甚好，汝才诚可嘉，但需下苦功夫。"这个对我鼓励很大。

到罗江后，李老师专门到成都，从生活书店、读书生活出版社、新知书店、新华日报成都营业处，买回了一大批进步图书，建立了一个规模不大但内容丰富的图书馆。我们自己也把微薄的生活费凑集起来，多方搜求进步书刊。我记得当时每个班级都订有《新华日报》《群众》《读书月报》《七月》等进步报刊，都有几个自己组织起来的以阅读进步报刊为主要活动内容的社团，思想很活跃。我记得当时邹韬奋在生活书店，他出版了《全民抗战》，我们不少同学直接给他写信，他还真的回了信。

李老师上课是很有特点的，他完全不用那些内容陈腐的教科书，而是自己选用中外文学名著作教材。开始，还把文章石印印发给我们，人手一册，照本宣讲。当他发现我们对这些教材有着强烈的兴趣和较强的理解力之后，便不再印发讲义，完全由他一个人在课堂上朗读讲授，我们则全神贯注地洗耳恭听，心领神会，既学了文化，也开拓了思想和精神境界，课堂效果极佳，给我留下了很深的印象，至今我仍记得当年李老师讲授的大部分篇目。

我记得当时李老师从成都购书回来不久，用石印发给我们的教材之一，是选自《群众》杂志的一篇谈孔子哲学思想的文章。这让我们第一次知道了哲学、世界观、辩证法、唯心论等名词，知道了我们那位同乡孔圣人也有许多不高明之处。这大约就是思想上的启蒙吧，由此引起我读哲学书的兴趣，《大众哲学》《新哲学大纲》等，虽然似懂非懂，但这些名词术语，却并不怎么陌生了。

李老师给我们讲的第一篇小说，是姚雪垠的成名之作《差半车麦秸》，着重向我们讲述了文学的语言来自生活的道理。以后，还给我们讲了张天翼的《华威先生》，吴奚如的《萧连长》，丘东平的《一个连长的战斗遭遇》，这些都是传诵一时的名篇，从中我知道了文学要写人，就要写出人的性格。

李老师着重讲述的，是鲁迅、果戈理、高尔基和收入《苏联作家七人集》中的作品。

鲁迅先生的作品，李老师首先向我们讲授了《呐喊·自序》，使我们初步了解他的事迹，文学的社会作用。以后就陆续讲述《故乡》《祝福》《社戏》《肥皂》，以及《腊叶》《鸭的喜剧》。我们思想上引起震动的是《狂人日记》，而在全文朗读《阿 Q 正传》时，简直成了我们的节日。上课时聚精会神，兴味盎然，课堂里不时哄堂大笑，下课之后，议论纷纭，唱“手执钢鞭将你打”，模仿阿Q和小D打架，“假洋鬼子”“赵太爷”也成了某些同学的诨名，不胫而走。

接着，李老师便向我们讲授《我怎样做起小说来》《答北斗杂志社问》，大约是从作品到理论，算是一种小结。

李老师以崇敬的心情向我们讲述了鲁迅先生战斗的杂文和散文，高度评价他的战斗业绩。如《记念刘和珍君》《无花的蔷薇》《热风》等的若干随感录，《老调子已经唱完》《为了忘却的记念》等。他还向我们介绍过瞿秋白的《鲁迅杂感选集序言》，但好像没有全文讲授，由此自然谈到了鲁迅先生和瞿秋白的友谊，以及鲁迅先生抱病编印的《海上述林》的事，极力称赞《述林》印刷精美。

通过讲授鲁迅，李老师等于向我们简要地介绍了“五四”以来的新文学史，我于是知道了主张“为人生的艺术”的“文学研究会”，提出“从文学革命到革命文学”的“创造社”及“太阳社”，知道了“创造社”和鲁迅先生论战，国民党对他的压迫以及《三闲集》《二心集》《准风月谈》等书名的由来，同时还知道了那位团团脸、戴眼镜、经常一脸笑容的陈翔鹤老师就是浅草社、沉钟社的大将，是鲁迅先生在《新文学大系·小说二集·序言》中提及过的，崇敬之情，油然而生。

讲授鲁迅，李老师不仅是教我们如何作文，而且在教我们如何做人。“一要生存、二要温饱、三要发展。”“敢说敢笑敢骂敢打”“肩住黑暗的闸门，放他们到光明的地方去”“在这可诅咒的地方，击退可诅咒的时代”“打落水狗”“‘费厄泼赖’应该缓行”…… 我们都是通过李老师的讲授而知道的。

由鲁迅，便自然讲到果戈理。

第一次知道果戈理的名字，是李老师讲授鲁迅先生的《狂人日记》时，说果戈理有一篇同样体裁的小说，说到鲁迅的风格，受果戈理的影响很明显。这便引起我们对果戈理很大的兴趣。李老师为我们讲授了《外套》《两个地主的故事》。在讲《两个地主的故事》时，李老师说老地主夫妻俩，在果戈理笔下，像两只白色的老狐狸。他特别喜欢这个中篇的素净风格，提炼出“银狐”这个很美的意象。他也写过一篇两位老人的文章，即题名为《银狐》。汇集成书，书名就叫《银狐集》。

特别引起我们兴趣的是，李老师用大约一个月的时间，为我们全文朗诵讲授了鲁迅先生翻译的果戈理的《死魂灵》。在此期间，每节国文课，我们都是早早坐在位子上，迫不及待地等着李老师进教室。李老师平时授课是不拘言笑的，但这时每次都是兴致冲冲地含笑进来，大约是几十双瞪得圆圆的眼睛中如饥似渴的神情，逗得他也忍俊不禁。不用说，泼留希金、罗士特莱夫甚至那一条腿的戈贝金大尉，也成为几位同学的绰号了。

那时，我几乎成了果戈理迷，翻来覆去地读果戈理选集《塔拉斯·布尔巴》，千方百计地借到一本《五月的夜》。《钦差大臣》则是多年之后才读到的。

李老师向我们讲述了果戈理焚毁《死魂灵》第二部手稿的故事，向我们说明一个作者必须忠实于自己的信念，忠实于艺术，不能把艺术变成欺世媚俗的工具，那样做，一个真正伟大作家的“艺术良心”是通不过的。

由果戈理，我们自然知道了俄罗斯伟大的艺术评论家别林斯基，而且，通过果戈理，李老师向我们打开了俄罗斯文学丰富宝库的窗子，让我们看到普希金、莱蒙托夫到屠格涅夫、陀思妥耶夫斯基、契诃夫、托尔斯泰等巨人的身影。

讲授一个大作家，李老师总是把他放在一定的历史、文学史发展中来介绍，由此我们汲取到的营养就不仅限于一位作家本身了。

高尔基是李老师最早介绍给我们的一位革命作家。《海燕》是李老师向我们讲授的第一篇外国作品。我现在仍然记得他在课堂上高声朗诵这一名篇的手势、姿态，一手振臂前举，大声呼喊："让暴风雨来得更猛烈些吧！"课文已完，但课堂里鸦雀无声谁也不动，我们全都被李老师的热情呼唤中传达的高尔基的革命激情所感染、所征服了。

接着李老师讲授了散文《钟》。也许这篇文章不太有名，但当时对我们来说，却是太合乎时宜了。"嘀嗒！嘀嗒！……"文章中反复出现的时钟走动的声音，告诉我们要抓紧一分一秒的时间，努力学习和工作，把自己培养成一个对人民有用的人，而不要浪费时间，浪费青春，浪费生命，以致庸庸碌碌，一事无成。"嘀嗒！嘀嗒！"李老师平静而深情地朗诵着，现在仍仿佛在我耳边响着。

在课堂上，李老师讲授的高尔基的小说是《二十六男和一女》，更对我们有吸引力的是关于高尔基传奇式的生活的介绍。《我的童年》《在人间》《我的大学》以及《母亲》，邹韬奋编译的《革命文豪高尔基》，成为我们最喜欢的书。高尔基的影响力如此之大，以致有一位姓李的同学，为了要走高尔基的道路成为文学家，居然离开学校而去赶马车，过风餐露宿的流浪汉式的生活去了。只是以后，再也没有听到他的消息。

李老师以很大的热情，把《苏联作家七人集》中的一些作品介绍给我们。其中不少是被称为“同路人”的作品。但那内容、那样式、那风格，都向我们展示了新的文学、新的世界、新的人。《第四十一》《康穆纳尔的烟袋》《不平常东西的故事》《妈妈开会去了》《不走正路的安得伦》，都是在课堂上朗诵讲授的。通过生动的艺术形象，介绍了十月革命，介绍了革命者的献身精神、英雄主义和革命道路的艰辛。我已经记不清楚，李老师是否为我们正式讲授过戈庚的著名论文《革命文学的十年》，但他的确概略地介绍了苏联革命初期文学的巨大成就。《铁流》《士敏土》《被开垦的处女地》《钢铁是怎样炼成的》，对我们来说不仅是文学名著，而且是革命的教科书。

我清楚地记得李老师把《被开垦的处女地》借给我阅读的情景。一天晚自习后，我走进李老师和另外两位老师同住的宿舍，紧傍房门左边，一张窄窄的条桌，桌上点着灯草芯的桐油灯，李老师为了保护眼睛，戴着一顶有檐的绿军帽，正聚精会神地坐在桌前读书。因为事先约好，没等我说话，李老师就微笑着把书交给了我，书是《世界文库》的精装本，用牛皮纸包着封皮。我拿回去阅读时，发现在米色道林纸的书页上，李老师用蓝色的拷贝铅笔打了一些不甚显目的记号和写着一些极其简洁的评语。我记得第一页描述春天来到樱桃园的气氛一段文字旁边，李老师用挺秀的字迹，写一个“味!”字。

听李广田老师讲诗

李老师自己是诗人，因此，他关于新诗的讲授特别多，特别精彩。

天蓝的《队长骑马去了》，是他讲授的第一首诗。也是不用讲义，由他一人朗诵的第一次尝试，效果非常好。诗中反复出现："队长，啊，回来！"李老师解释说这就是诗的旋律，而且把"旋律"二字特别写在黑板上，以示其对诗之重要。对我们来说，这是诗的启蒙，诗艺的最初一课。

通过庄涌的《颂徐州》，李老师讲授了诗的音节铿锵之美。

李老师向我们讲授了艾青的几乎所有名篇：《雪落在中国的土地上》《向太阳》《他死在第二次》《吹号者》……这些热情奔放、气势磅礴、感情深沉的诗篇，震撼了我刚刚开始觉醒的心灵，也捉笔写"诗"了。第一篇送给李老师看，他很快发还给我，笑着对我说："这不是诗……也不是散文。多读、多写、多练习吧，下苦功，也许你能写出诗来。"

卞之琳和李老师、何其芳并称为"汉园三诗人"，他们的友情与诗作，是二十世纪三十年代的一段美事佳话。三人同在北京大学读书，同住沙滩附近的汉花园小街，同在商务印书馆出版了他们的诗合集《汉园集》。三人朝夕相处，相知极深。卞之琳的《慰劳信集》出版不久，李老师便全部朗诵讲授了。我们一群初涉文海的孩子，竟有缘听李广田讲卞之琳的诗歌，真是莫大幸事。大约是因为特别熟悉的原因吧，李老师详细地向我们介绍了他诗歌的风格特点，称之为"机智的诗"。

《慰劳信集》大概不算是卞之琳最重要的作品，但倾注了当年诗人的政治热情，写华北敌后抗日军民，写延安生气勃勃的新气象。李老师一首不漏地为我们讲这些诗，同样倾注了他的政治热情。我现在仍然记得卞诗中《慰劳》毛泽东的那一首，有句“最难忘记的是你那打出去的手势……”李老师念到这里，还左手叉腰，右手向外一推，奋臂一挥。这个著名的姿势，大约是自卞先生访问延安归来后，在我们学校小住时的言传身教吧！李老师还讲到他们在北大读书，写诗的逸闻趣事，可惜我多半已忘记。只记得讲卞诗有一句“下雪了，真大”时，曾说此诗一出，校园里教授的孩子们冬天打雪仗，也是此呼彼应，大喊“下雪了，真大”，非常热闹。

李老师还讲过几首曹葆华早期的诗，内容全忘记了，但却从此知道了“商籁体”“十四行”这些个外国名词。李老师还以曹诗为例，讲了十四行押韵的方法。这样，我才知道外国诗也多是严谨的格律诗。

在讲授艾青的时候，李老师还讲了这么一个故事，他曾用林曦的笔名发表的诗，艾青从法国回来后看到了，便写信写李老师，说自己是浙江蒋海澄，称“林曦”为老朋友。因为他真有一位老朋友名叫林曦。这样，李老师便和艾青有了一次书信的交往。

李老师没有忽略为我们介绍“五四”以来新诗的发展史。从胡适的《尝试集》说起，举凡康白情、刘大白以及闻一多、朱湘、徐志摩、戴望舒、湖畔诗人都涉及，更不用说冰心、朱自清清新优美的诗篇和散文了。留给我印象最深的，则是刘延陵“石榴花开得鲜明的井旁/那人儿正架竹子/晒她的青布衣裳”。

受李老师的陶冶和鼓励，我这一生也可算是与诗结下了不解之缘吧！为诗而苦恼，为诗而欢乐，为诗而受难。积习难改，业余之余，但始终没有写出一首真正可以称之为“诗”的诗来，作为诗人李广田的学生，是惭愧的。

在外国文学方面，李老师还用英语向我们朗诵过“to be or not to be”那段哈姆雷特的著名独白，复述过《包法利夫人》中树林漫步的优美篇章和福楼拜教莫泊桑写作的故事，话题所及，荷马和《伊利亚特》《奥德赛》，但丁和《神曲》，薄伽丘和《十日谈》，巴尔扎克和《人间喜剧》，左拉和《卢贡·马加尔》，易卜生的戏剧，安徒生的童话……这些文学巨人和他们的皇皇巨著，都曾谈到。

洒向苍山吊诗魂

一九四〇年下半年，我们读初中的最末一个学期，李老师为我们讲中国古典文学。这是因为一则要把祖国瑰丽的文学遗产介绍给我们，一则是他一年来完全舍弃正统教科书不用，在课堂上公开讲授革命的文学作品，受到了校内外反动势力的非难和压力。似乎国民党县党部还派人正式找李老师提出警告。李老师以退为进，通过讲授中国古典文学，宣传进步、民主的文学观点和思想。他明确地向我们宣布，这也是一种斗争。

追本溯源，从《诗经》讲起，选读了《卷耳》《伐檀》《七月》《将仲子》《硕鼠》《柏舟》等名篇，批判历来经学家们牵强附会的谬说，还作品以本来面目。接着是汉魏乐府、《孔雀东南飞》《木兰辞》、李白、杜甫……一学期时间有限，只能如此了。就我个人而言，阅读古籍的一点基本功，就是这时候学的。

按照李老师的设想，是准备系统地向我们讲述鲁迅的《中国小说史略》的，这大约是没有重点讲述《水浒传》《红楼梦》等名著的原因。可惜的是，李老师这个愿望没有实现。

我是一九四一年春节过后不久，离开罗江的。行前没有向李老师告辞，而且，从那以后再也没有见过李老师。

四分校的学生没有一个上延安，感觉这里就是小延安，比延安还自由些。因此学校也成为反动派欲除之而后快的眼中钉。皖南事变发生后，山雨欲来，党员和骨干分子，开始分批撤离学校。

几天之后，我便和信法钧等四位同学，在其他几位同学的掩护下，秘密走出了罗江。

在这样的形势下，我只能对李老师不辞而别，不料竟成永诀。

离开了李老师后，几十年间只通过几封信。一封是一九四二年，我流转到陕西邠县，在汽车站上当一名保管汽油、卖票验票的站员。生活上的困苦不算什么，精神上的荒凉却是难耐。这时，我收到了李老师从叙永西南联大分校寄来的信。信很简短，挺秀的字写在一张淡绿色的土纸上，主要是抄了一段里尔克的话。全文忘记了，只记得一句："你要经受得住寂寞……"这是一句含义深远充满人生哲理的话，正符合我当时的精神上的需要，使我在汽车站那样污七八糟的环境中，保持了一种精神上的追求，不至堕落。

第二封信是新中国成立以后了。一九五〇年，我在长沙市委工作，听说李老师到了清华，立即写信去问候致意。李老师很快地回了信："不要称什么老师，称同志吧……"还简略地说了工作中遇到的问题，但字里行间，却洋溢着欢乐的情绪。由此我也知道，李老师已经是一名共产党员了。

虽然一经别后，再未相见，李老师仍经常关心我。一九四四年，一位在昆明工作的同志写信告诉我，李老师向他谈起了发表在重庆《希望》上的几首诗，判定是我写的。我感到非常惊讶。因为久久未通音问，李老师并不知道我写诗和发表诗用的名字，大约是从诗的风貌认出了我的本来面目吧。套用一句话"知弟子者莫若其师"。此事足见李老师对我关怀爱护之情及了解之深。

但我对李老师这位优秀的诗人，一代散文大家的文学业绩却知之甚少，不能赞一词。而这除了我的浅薄之外，和他真正谦虚的品格也是有关的。

在罗江的两年，我们当然知道李老师是《画廊集》《银狐集》《雀蓑记》的作者和《汉园集》的作者之一，曾经多次要求他讲授自己的作品，但他都拒绝了。我读到这些书，是后来的事了。因此，对李老师的文学业绩就知之极少了，但却留下一件极有兴味的回忆。大约是一九四〇年底，我们临近毕业的最后几堂课，李老师有一次风趣地对我们说："你们常要我讲自己的文章，我都没有答应，现在你们快毕业了，我讲一首自己的诗吧。"可惜诗的内容与题目我都忘了，只记得最后一句话是："谁能猜出这个谜语，我就出路费送他去远方旅行。"细细品味，亦富机智诗趣。

不揣冒昧，如果允许我对老师妄加评论的话，我感到李老师的人品，正如他的几部诗文集的书名和文章风格：朴素、清新，蕴藏着一种内在的充实之美。

一九七三年，同班同学、老战友刘守身从郑州来到长沙，几十年不见，彻夜长谈中他提到了李广田老师不幸逝世的消息，死因一时不得其详。巨大的悲痛，使我俩相对唏嘘，欲哭无泪。当时，我还是一个没有宣布解放的"走资派"，刘守身这位一九三九年入党的老党员的党籍，则不被承认。在这种情势下，我默默地凑了几句话，算是对我们敬爱的老师的悼念：

滇池四季皆是春，
底事泽旁做苦吟？
且掬汨罗一捧水，
洒向苍山吊诗魂。

我是怀着感激之情，回忆在罗江从李老师受业两年这一幸福际遇的。这样的回忆本身也是一种幸福。

在罗江，我还碰到了李广田先生的夫人和他的女儿。一九三八年我们从山东开始流亡时，他的夫人王兰馨女士正怀着小孩子，不能跟着我们一起走，一直到一九三九年，才带了女儿千里迢迢到罗江和李广田团聚。后来李广田根据夫人从济南沦陷区千里迢迢到罗江与他汇合的经历，写了唯一一本小说叫

《引力》，日本还翻译出版了这本书。

当时我们学生对老师的夫人很关心，前两天听说李老师夫人要来了，我们都很积极，早早就等着这一天。一探听到消息说师母来了，都趴到老师家的窗上去看，李师母喊我们进去，捧出一大把山东带来的红枣和糖给我们吃。那时李广田的女儿李岫刚会跑，黑不溜秋的。她后来是北京师范大学的教授，我们来往比较多。我到北京每次都去看她。

二十世纪八十年代初，我到北京出差，才有机会晋谒师母。师母那时快八十岁了，当我报出学名时，没想到师母连声说："记得，记得，长头发，大嗓门，一天到晚嘻嘻哈哈，你老师在昆明看到你发表了诗，高兴，直夸。"

我后来才知道，师母王兰馨的旧诗词写得非常好。后来李岫帮她母亲编了一本关于旧诗词的图书，想找扬之水来写几幅字做书的插图。扬之水的小楷字写得非常好，但她一般不写字，是非常低调的一个人。图书的出版编辑黄成勇打电话给我，说非我出马不可。我就打电话给扬之水，我说："王兰馨这本书你怎么不写呢？你知道王兰馨是谁不？"她老实说："不知道。"我说："是我的师母咧，李广田的夫人。""哎呀，赶快写。"这本书，王兰馨的唐宋词赏析，加扬之水的小楷诗词的插图，非常有品位。

同桌李世俊

在罗江四分校，我被分配在三级一班。我们班上只有二十多个同学，但比其他班级都要活跃，人才出得也不少，这也跟李老师有关。

我的同桌李世俊是一个真正的天才。他不为一般人所知，但在世界语领域中，则是大大地有名，是国际上著名的世界语学者。中国在国际世界语学院只有两个院士，他是其中一个。他用十八年时间将中国四大古典名著中的《三国演义》《水浒传》《西游记》译成世界语，也算得上是中国翻译史上第一人。

世界语在二十世纪三四十年代实际等于共产党的外围组织，凡是学世界语的一般都是拥护共产党的。据说在“五四”运动中，北大学生写信不用中文，就是用世界语作为通信的秘密工具。

当然也有的人是纯粹搞世界语，李世俊就是这样。他对政治没有兴趣。他家里非常贫困，一般同学都有家里接济，他没有，冬天没有鞋穿，脚都冻肿了，还是李广田老师给了他一双旧鞋穿。他对世界语感兴趣，是偶尔有一天在罗江街上的一个小摊子上看了一本《世界语一月通》，后来又在《新华日报》上看到重庆世界语函授学校招生的广告，就和我还有两个同学一起报名参加重庆世界语函授学校，但每个人要五块钱的学费，我们穷学生没有钱啊，五块钱刚好是我们一个月的救济金。后来，我们四个人凑齐了五块钱，我还想了个办法，用“贾铭”的名字，写信给函授学社，请求给予照顾，给一份讲义，但是帮助我们修改四份作业。几天后，我们收到了著名世界语专家许寿真先生热情的回信，学校不仅答应我们的请求，还给我们寄了四份讲义。李世俊就这样和世界语结下了不解之缘。只是后来除了他，我们三个人都没有坚持下来。

我初中毕业后离开了学校，李世俊读了高中。学校在梓桐，他和本地的一个姓高的女同学谈恋爱，但引起了女方家庭的反感，特别是她的一个兄长对妹妹的婚姻十分反对，认为世界语带有赤色，李世俊从事世界语的教学，必然与共产党有瓜葛。他不愿意自己的妹妹嫁给一位异己分子。李世俊等于把这位姓高的女同学给“拐跑”了。两个人一起跑到成都，要生活啊，怎么办？幸好他会世界语，在成都世界语函授学校找到了工作，后来成了职业的世界语工作者，那个姓高的女同学也一直跟着他，两个人结了婚，成了家。

新中国成立以后，世界语一度被打入冷宫。因为世界语者不分宗教信仰，有特别的共同语言的感情，如果想要利用这个搞什么活动，很厉害。新中国成立后，李世俊到了东北一个学校教英语，二十世纪六十年代，我到同学章曙那里去，他告诉我李世俊在北京，王府井附近。我到他家去，一看他的家啊，破破烂烂，很不幸，他的夫人患有精神病。他的日子过得很苦。

慢慢地中央台有了世界语广播，他这才发挥作用。后来又成立了世界语学会，开办了世界语班，全国各地都有世界语，他就忙得很了。二十世纪九十年代，我和他几十年没有见面了，我和我老伴，还有老同学张同祥一起去北京，约他一起去北京方庄章曙家。我们约好在民家湾巷口等他。只见一个头发苍然、又黑又胖的老头儿，骑着辆叮叮当当乱响的破自行车，从我身边风驰而过。我来不及退让，只听得有人背后大声喊我的名字，转身望去，李院士一脚点地斜跨破车上，大汗淋漓，对我哈哈大笑。

那次李世俊还和我谈起，自己搞了一辈子世界语，算起总账，实在是误入歧途。若向理工科发展，造个宇宙飞船原子弹之类的，应当不成问题。他这个话，我信。我和他同桌两年，他每天晚上如痴如醉地看星星，向往群星灿烂的神秘太空，在班会上，他给我们大讲天文学，星星怎么怎么样。李世俊称得上是一个天才，他会画画，会搞木刻，还是很好的男中音。他没有专门学过中医，但他会看病，他儿子后来受了他的影响，成了北京著名的中医。

那次我回长沙后，他给我寄了一张老唱片，《在绿星旗下——纪念世界语五十周年》。世界语五十周年是一九三七年，唱片是近年复制的。我写了一篇文章，叫《一张老唱片》，记述我和李世俊与世界语的故事。文章发表后，有一个读者打电话来，叫吴长顺，是一位退休了的科技工作者，自己打理着一家策划、创意之类的公司。他二十世纪五十年代开始学世界语，现在仍积极组织湖南地区世界语活动，还经常自费参加国内外世界语交流，到过许多国家。最难得的是从八十年代起，他一个人，自费创办一本不定期的刊物，叫《老世界语者》，无偿赠送各地同好，坚持了二十余年。他后来每期都亲自给我送来。我还听他说，常德有个残疾人，叫毛自赋，自学世界语，成了有名的世界语诗人。

同班同学章曙，后来担任外交官，他的女儿就是后来担任外交部发言人的章启月。他当时个子最矮，坐在第一排第一个，和唯一的女同学侯昌文同桌。他原名章世琦，家里很穷，他的父亲在韩复榘手下当文书。章曙从小读书很优秀，韩复榘就资助他完成学业。他读书很勤奋，几乎其他什么都不管，也不怎么说话，就是埋头读书，每次都是班上第一名。他一直在国立六中读书，高中毕业后考上了武汉大学外语系。在武汉大学开始接触进步思想，我那时在四川永利公司工作，他生活还是很穷苦，我就经常接他到我那里去，送给他几件衣服穿，接济他。

抗战刚胜利，共产党占领了张家口，就动员一批知识分子进解放区，章曙就是一九四五年或者一九四六年输送到张家口的，等于是筹备外交部的最早的成员，资格很老。新中国成立初年，他也是最早一批外交官。回国之后，大约六十年代，他回到外交部。中国恢复联合国席位之后，他是第一批到联合国工作的人员之一。可能"文革"中受到乔冠华的影响，"文革"结束后，他回到国内，当外交学院的院长。他当年在联合国工作时，选了靠得住的家庭里的小孩到美国家庭里去学习。二十世纪八十年代，我到北京去时，去看过他。他离休了，住在一个小院子里。

刘守身的故事

同学中还有一位刘守身，他是当时党组织在学生中发展的两名地下党员之一，参与创办了党的秘密外围组织“读书会”，领导组织了学校的爱国民主活动。

守身比我大，就坐在我前面。我们那时候都只是十几岁的初中生，但伙伴们称守身是“天生的职业革命家”。守身其貌不扬，个头矮、脑袋大、眼睛小、塌鼻梁，说话还有点口吃，常词不达意，达则一言中的，非常犀利，本是那种并不引人注目的人物。但他这个人特别机敏坚忍。他有件事我记得特别清楚。战时学生日子过得很苦，医药条件很差，最难治的是疥疮。一九四〇年冬，有一天我看见他袒胸裸背坐在阳光下，用细细的竹片，划破一个个疥疮后擦去血，抹上药膏。他痛得呲牙咧嘴，额头冒汗。我问他这是做什么？他说形势在变，我们大约没法继续上学了，一身疥疮，走到哪里都讨厌，非治好不可。十几岁的小青年，就如此自觉、坚忍，所以“天生的职业革命家”称号，决非言过其实。

守身也是和我们几个秘密逃离罗江的。他先到成都找到方敬老师，按方老师的指示隐藏到重庆。就这样，他失去了组织关系。一九四一年冬，我在兰州街头碰到他，他当时在兰州西北驿运办事处工作。抗战时期西北、西南的大后方，前方运输只有几条公路，汽车、汽油都少得可怜。为了支持地方军需、民用物资运输，就建立了统一的驿运系统，依靠畜力、人力、平板车等组成庞大的驿运队伍。

驿运的分散、流动，为地下交通提供了最好的掩护，因此在这支长年累月千里流浪风餐露宿的队伍中，也有共产党的地下工作者。守身就曾向我透露，驿站的马科长是可以信任的朋友，并关照他当了永登县驿运站的站长。没想到不久后传来马科长被捕的消息。守身一直兢兢业业地在力所能及处自觉为革命做贡献，本来希望通过马科长恢复关系，他的被捕让他觉得大祸临头。冥思苦想后，他把驿运站所有供应马车队的草料粮款，席卷而去，逃到了四川均县，找到罗江的同学潘成岳，并通过他和地下组织联系上了。他们建议守身留下来参加地下武装。这时抗战已经胜利，守身的老家山东菏泽已是解放区。他向往解放区的天，一心只想回家。当地党组织为了他穿过国统区无数关卡的安全着想，弄来了一根“李宗仁的文明棍”，伴他远行。

所谓“李宗仁的文明棍”，并不是李宗仁亲手持用的手杖，但上面刻有“李宗仁赠”几个字，类似当年黄埔军校毕业的学生佩的短剑，剑鞘上有“杀身成仁蒋中正赠”一样。没想到，正是因为这根文明棍，身在解放区的刘守身竟被当成了匪特。有一天，他那位当民兵队长的表弟通风报信，说县公安局下半夜要逮捕蒋匪派遣特务刘守身，如果他拒捕逃跑，就立即开枪，就地正法。刘守身一时脑袋发炸，不知如何是好，只得听从表弟的安排，在青纱帐里躲了七天七夜，最后民兵队长决定让他跑得越远越好。刘守身只好跑到了上海，后来得知一位同学在平原省（解放初一度建制平原省）担任省级领导的秘书，他下决心去新乡找到了这位同学。听他说了文明棍的故事，这位同学哈哈大笑，安排他去一个训练班学习，他才开始革命的新篇章。

说起来守身只当了几年正式共产党员。此后他浮浮沉沉，逝世前两年，他已是一所大学的经济学教授了，才被动员重新入党，也算是一种安慰吧。

一九四〇年冬，皖南事变前后，随着整个政治形势的恶化，我们学校陷入了严重的动荡不安之中。因为方敬老师在学校建立了地下党组织，接着又创建党的秘密外围组织读书会，领导和组织了学校的爱国、民主、进步活动，与反动势力进行各种形式的斗争，六中四分校成为战斗力很强的进步学校，有“小延安”之称。很多其他分校的学生都想转到四分校来，我的同学刘守身就是转过来的。当时贺敬之也是师范部的学生，他也跑到四分校来，想当李广田的学生。那天下着大雨，他走了两百多里地到了四分校，不过当时学校实在是没地方住了，他没有办法转过来，后来就去了延安。他要是转过来就不会上延安了。贺敬之这个人对老师同学其实非常恋旧，每次他到长沙必定来看我。后来他听说孙东生校长被打成右派，他亲自找到山东省委，要求给孙东生平反。

当时我们的生活条件是很艰苦的，但罗江四分校出了不少人才。除了章曙、李士俊之外，还有中国科学院院士、中国激光事业奠基人马祖光，还有一位张圣时，后来成为国画大师傅抱石唯一的入室弟子，也是个旷世奇才。

张圣时比我高两届，能写能画，校刊《锻冶厂》的刊头就是他的手笔。这个人博闻强记，读书多，读书杂，而且读得快。有人说，他不是读书，是吃书，像老牛吃草一样。他曾在几个月时间里给李广田写了十封信，李广田以《少年果戈理》一文推介，称张圣时为少年文学家、少年奇才。后来有人指认“少年果戈理”是“少年托洛茨基”化身，一时间事情弄得蛮大。张圣时后来考上中央大学艺术系学习绘画。这之前他曾发表过一篇评论傅抱石的画评，傅抱石多次用作自己画展的前言，但不知道作者是何方人氏，张圣时考入中央大学后才对上号。傅抱石破例收张圣时为入室弟子，并聘为私人英语翻译，兼作长子傅小石的家庭英语教师，师生感情很深。张圣时得大师真传，很快在国内画坛声名鹊起。可惜后来时运不济，蒙冤入狱，没有充分发挥他的才能。

现在想起来，为什么当时学校虽然条件艰苦，却出人才，还是跟老师，跟当时的学习环境有关系。当时虽然国民党要搞党化教育，但还管不到这上面来，当时的几个大书局包括商务印书馆、中华书局、世界书局、开明书局等，都是可以出教科书的，老师可以自己选择。一个学校里，同样是教语文，每个老师用的教材可以都不一样，很宽松。李广田上课的方法就更独特了，因为他知道，我们这些十几岁的孩子，经过从山东步行到四川，接触社会的面很广，教科书不能满足我们的要求。所以他对我们的影响不仅是文学上的启蒙，而且开拓了思维的空间，和一般的初中学生大不一样，和抗战以前的也不一样。

一个学校有几个好老师就会带出好学生，“名师出高徒”。好的老师比较重视有才华的学生，和他们接触多一些，对他们有启发。现在想起来，我们那个小小的两三百人的学校，竟有那么多名家为师。除了李广田，还有陈翔鹤、方敬，此外沙汀、艾芜、何其芳都到我们学校讲过课，真是学生之幸。同时，学校在政治上来说也是相当开放、自由的，托派的学生，进步的学生，还有中间派的学生，都可以搞自己的读书会、座谈会。

在罗江虽然只有短短的两年时间，但可以说为我的整个人生的未来走向打下了基础。它播下的种子，在未来的岁月里慢慢发芽。

西北诗情

兰州西北公路局当差

一九四〇年冬，皖南事变前，随着整个政治形势的恶化，学校陷入了严重的动荡不安之中。国民党教育部还曾把我们的校长孙东生先生扣在重庆不准回去，气氛很紧张，党员和骨干分子开始分批撤离学校。我是读书会的，也算是一名积极分子。一九四一年春节前夕，李广田老师把我喊住，严厉而沉重地问我：“杨镇畿，你为什么还不走？快走！”几天之后，一九四一年正月初四，我和信法钧等四名同学，在其他同学的掩护下，也离开罗江到成都去了。

离开罗江后，我们本来计划去成都找同学周一闲，他是同班同学，很早就到重庆读书生活出版社当店员。但是我们到成都一看，出版社被查封了，我们四个人只好凑了一点钱，住在一个叫包家巷的地方。那是一些贫苦学生住的一条街。我们住在那里无忧无虑，除了提防特务，每天都到成都一座著名的公园少城公园里去，那里有一个篮球场，我们四个人都会打篮球，就天天到公园里去打球，和本地的青年学生一起玩。

一开始我们还有点钱，后来半个月就没钱了，天天饿着肚子。年轻人么，也不觉得有什么，有次饿了三天，竟还出去打篮球。打篮球时认识的一些本地学生，就请我们去茶馆。有一天，我们在茶馆碰到国立六中的同学丁世杰，他当时住在成都北门外的回龙镇。回龙镇附近有一个小学校，把成都轰炸后没有家的孤儿收养起来，管饭，读书，叫外北平寄托所。丁世杰在寄托所教书，说那里还需要一个教体育和音乐的老师。我们四个人中只有我可以，因为搞过话剧，我拿着曲谱就可以唱歌，所以他把我介绍到了寄托所，我有了收入就可以养他们了。后来他们也都找到了地方，我们四个人也就散了。

也是这个时候，我们从报纸上看到兰州西北公路局站务人员训练班招生的广告，在成都汽车站考试。我们认为那里离陕甘宁边区近，都去报了名。

当时我们几个人都考上了，我们这几个从山东流亡到四川的中学生，皖南事变后又从学校流亡出来，在成都走投无路之际考上了远在兰州的西北公路局站务人员训练班，也算是苍天有眼。公路局有的是羊毛车，于是我们便不费吹灰之力坐在钨砂包上，一路春风上兰州了。

抗战时期的西北公路在西南滇缅公路开通前，是支持抗战的唯一陆上国际通道，又对陕甘宁边区形成钳形封锁线，因其战略地位重要，西北公路局本部设在兰州，先归重庆交通部直辖，后改属军事委员会交通运输管制局，局长为戴笠。

兰州西北公路局当时在兰州办了三个训练班，设在城西十里铺的汽车驾驶训练班；设在城内翠英门里，与当时的甘肃大学、兰州电厂为邻的汽车站务人员训练班与会计训练班。站务人员训练班归业务科管。所学业务有所谓站务管理、车务管理、票务管理、油料管理等，都是一看就会的事。其实真正要学的只有两门：一是汽车原理，授课者是汽车驾驶员班的李主任。他编的汽车修理歌很有意思，到现在我还记得开头两句是“汽车正走忽抛锚，化油器里又放炮”。二为公文程式。此课非同小可，若能烂熟于心，出神入化运用，算得上是步步高升进身之阶了。可惜我只学会了“等因奉此、等由准此、等情仰此”之类几句套话。因为重要，业务科科长陈兆昌亲自给我们讲课。

当时我们六个人在训练班学习了两个月，按道理汽车站员，结业后自然是去汽车站当差混饭。有一天忽然听说要选六名品学兼优的学员到业务科坐办公室，消息传来，学员们心态各异，议论纷纷。我们几位山东同学则一致想要争取“下基层”当站员，这个想法出于一种革命的罗曼蒂克，以为西兰线东段靠近陕甘宁边区，可寻机奔赴圣地延安；而兰新线直通新疆，越过新疆就到苏联了，我的一位同学也果真去了星星峡车站，待了五年。

为了实现这个红色的梦，我们结业考试成绩都力求平均六十分即可，绝对不能超过八十分，免得成为品学兼优前六名。没想到结业仪式上，陈科长要一一点名，目验选材。我一生难改的毛病是咋咋唬唬嗓门大，回应陈科长的呼叫也是声震屋瓦的一声“有！”陈科长闻声，定睛注目，然后“嗒！嗒！嗒！”走下讲台，把我从头到脚打量一番，然后说：“声音洪亮，精神饱满，留在业务科。”一锤定音，不可更易。他还看中我的另一个同学叫刘可牧，他字写得好，年纪比我们大，懂事。于是科班出身的“站员”不“站”反而进办公室“坐”去了。

陈兆昌是杭州人，当时三十四五岁，没有结婚，仪表堂堂，一头黑发与一双皮鞋永远锃亮，对上司、对女性彬彬有礼，温文尔雅。对下属也亲切随和，绝少疾言厉色。他在站训班和后来的言传身教中一直强调，一个人立身社会，必需有真本事。他多次说到自己出身贫苦，没有好好上过学，全靠自己勤学苦练出一套真才实学，刚刚三十岁，就当上了这个科长。他不抽烟，不喝酒，不嫖不赌，并决定数年之内不结婚，要继续艰苦奋斗，做更大的事。做不成，也不怕；不当科长，也不怕。因为他有三项真本事，到哪里也能混碗饭吃。第一，他是个好司机，汽车驾驶执照是交通部颁发的第一号：第二，他写得一手好字，而且能刻仿宋体，最不济也能当个文书，抄抄写写；第三，他刻钢板，字字匀称，写复写纸，一次七页，保证纸不破，页页清楚。这三项真本事，他全向我们演练过，货真价实。

我在科里的日常工作，开始是管理全局司机的卡片，职员的进退奖罚，登记入卡。稍后，也草拟简单的公文。虽然是按程式办理，内容也变化无常，非世情练达，难以应对如流。加之我又满脑子罗曼蒂克，心不在焉，还是出了点小差错。

有天刚上班，曾讲授公文程式的业务科张秘书面色铁青拿一份文稿向我走来，声色俱厉地呵斥，引得我的主管吴股长、陈科员他们连忙走来，他的口气才稍稍缓和，又说一遍，我才弄清错在何处。那时公路局内部信息传达，沿线各大站都有手摇发电的电台，有专用的密码本。日期也是通行的“东冬江支微”的韵目代码。这份我起草的文稿，把对方来电的韵目代码写错了。举个例，对方为“东日来电”，我复电写成“江日电悉”，对方接电，即会不知所云。问题的严重性还不在这里。这份电稿虽然是我所拟，却是经过陈科员、吴股长、张秘书、陈科长层层审稿，又经局秘书处张处长复审后，送到副局长沈圻画行，被沈副局长发现退回业务科的。一字之差，连闯五关，无人发现，怪不得张秘书面色铁青，吴股长、陈科员手足无措。

过了不久，陈科长约我和其他几个人，晚饭后到他的住处小坐。那是个独门独户的小院，三间平房，一人独居。室内陈设也颇寒酸，处处显出这位青年“王老五”不事洒扫庭除，与他平日衣冠楚楚的形象颇不相称。引人注目的是墙上一副署名宋希尚的墨宝：“惟大英雄能本色，是真名士自风流。”宋希尚是当时西北公路局的局长，浙江人。据陈科长介绍，宋局长本是大学教授、水利专家。这几个颜体字写得也确实不错。看来这两位同乡的关系还不错。

这次谈话，出乎我的意料，竟没有提及办公室风波，年月久远，现在只记得气氛相当亲切轻松。他又说了一番立身社会要有真本事的道理，并再次以自己为例对我们言传身教。说着，说着，他突然激动起来，猛然叉开两腿，指着胯下说："你们看，为了你们，我过的就是这样的日子。"原来，他笔挺的黑呢裤，胯下三角处开了线，裂了口，不甚雅观。这在我们身上，算不了什么，在陈科长身上则算得上是惨不忍睹了。这使我们大为震惊，在感情上对他又近了一步。他这个动作，至今我还宛如在目。

这次谈话不久，宋局长因为公路局新来的五十辆羊毛车被山洪全部冲进了黄河而被撤职查办，陈科长也准备离职了。他离开之前，对我们几位来自五湖四海的同事，尽其可能一一做了特别安排，只是当年少不更事，我们竟然没有想到为陈科长送别。

一九四六年暮春时节，我在重庆小龙坎街头遇到他，他从小马车（当时来往于歌乐山至重庆市区的交通工具）上跳下来喊我的名字，依然衣冠楚楚，亲切随和，问我何处"高就"，有没有要他帮忙的事，并自我介绍供职交通部，即将东下"复员"南京，还邀我同坐小马车进城。说来惭愧，当时我正在重庆搞学生运动，虽然当时尚不知"划清界线"，却对陈先生一番好意并未领就，挥手告别后再无相逢。如今想来，后悔莫已。

一九五六年秋，我突然在《人民日报》上看到一条不算太小的消息：武汉长江航运局一位科长，是著名京剧表演艺术家王玉蓉的戏迷，他利用职权，打乱运输计划，优先发运王玉蓉剧团从上海到武汉演出的行头箱笼，因此被撤职。这位科长就叫陈兆昌。我读了这条消息后真是拍案惊奇，确信这就是那位陈科长。

多年后，刘可牧来长沙玩，他告诉我，其实陈兆昌抗战以前就加入了共产党。现在想起来，他其实是一直在有意识地保护、掩护我们这些进步学生，因为他很容易察出我们这些年轻人的政治倾向。他离开西北公路局之前，安排我和刘可牧都去了邠州车站。那里与延安只隔着一条河，只有四十多里路。现在想来，他是有意这么做的。当时，他还以躲避日本轰炸为借口，把业务科放到兰州城西南的一处花果园去。那里他有一栋小楼房，还经常请郑君里等来演话剧。那里应当也是方便他开展地下工作的一个地方吧。后来我写了一篇怀念他的文章《兰州往事——忆陈兆昌先生》，记述和他的交往。

邠州车站的“中国特务老祖宗”

一九四二年，我调到了西北公路局的邠州车站，刘可牧调到了邠州车场。车站与车场都在一个院子里。

我从西安到邠州的路上，有一个站，叫乾县，是武则天陵墓所在地。我有一个同学分配在这里的车站。于是我在乾县住了两天，认识了车站站长周钧史。

我调到邠州大约两三个多月的样子，邠州车站站长调走了，周钧史就调来当站长。因为在乾县就相识，周钧史这个人又非常看重知识分子、读书人，他对我比较关照。据他自己说，他曾经在圣约翰大学读过书，他的英语的确很好。我在车站时，因为不愿意丢英语，早晨起来还读读英语，他就经常纠正我的口音。所以他对读书人很看重，他认为我们都是真正读过书的人，所以他到邠州车站后，分配给我一个肥差，发汽油。

我开始到邠州车站两三个月时，站里几乎不分配我任何工作，原来的员工已经成了一个利益团伙。像发汽油这样的部门是所谓的要害部门，我是根本进不去的。那时候汽油很金贵，是战略物资，司机都想要拉关系多发一点。我到那里时才十九岁，他们看到我是个孩子，什么都不懂，就给我发排了一件差事。

当时军统局在各大车站还另外设了检查站，特别像邠州离陕甘宁边区近，就设立了一个军统检查站。这个检查站和汽车站相距近一公里，站长叫我每天到检查站去，配合工作。实际那里什么事也没有，我在那里玩半天，任何工作也没有分配给我。直到周站长来了之后，要我管汽油，我才算是有了事做，而且是站里最肥的差事。

邠州是个大站，不但自己要发油，在一个很大的山洞里还有一个很大的汽油库，经常有几十桶汽油存在那里。周站长叫我管汽油，那是车站最肥的一块肉，但我非常单纯，决不贪污，洁身自好。我不克扣司机的汽油，也不倒卖汽油，给车站带来了一个好名声。周站长他当然也不说什么，但是其他的同事就有点不知道是什么心理。有个姓张的年轻人，跟我住一个房子。有一天有个司机自己节约了很多机油，他说："我自己节约了很多机油，比汽油还贵，能不能把这个机油放到你这里，你给我完整的一桶，这样方便些。”我就说：“可以啊。”那时候对工人特别照顾，我也就发给他了，一整桶五加仑给了他。结果这个姓张的同事看到我给了他一桶机油，等汽车开了后，他就去找周站长检举我，说我卖了一桶机油。周站长马上找到我，我给他如实说了情况，他马上打电话到下一站，把我发的一桶机油扣下带回来，当然也批评了我。

没想到周站长这个人，最痛恨这种打小报告的人。我们当时都在旁边一个叫中国旅行社招待所的食堂吃饭，进去刚坐下，周站长一看到那个姓张的人进来，上去就“啪啪”两个嘴巴，也不讲什么原因。这一打，问题就复杂了。原来这个人的亲戚是段长，管几个车站，他当然就告诉这个亲戚，但是那个段长也没什么办法，到车站来的时候，周站长根本不理他，他也没办法。

有一天，周站长要到西安去，到了路上又折回来跟我说，我那个在乾县车站的同学因为倒卖汽油，押到兰州后判刑了。不久，那个姓张的调走了，周站长对我一如既往。他也暗示我，我在这里迟早会倒霉，要想办法调走。

后来也是周站长帮我调离邠州车站的。我走以前，他突然问我要那个油库的钥匙，我给他了。他回来之后给我一百块钱。意思是我和他在一起工作近一年，我没有得到一分钱好处，现在快走了，他卖了一大桶油，给一百块钱给我。那时候一百块钱是我几个月的工资。我还没遇到这种事，怎么办？我和刘可牧商量，这钱不能收。我就跟周站长说，这一百块钱我不能要，请他想办法把钱转交给那位在服刑的同学。

我在郃州车站这一年，碰到的人和事，所处的社会环境，可以说是最复杂的一年。在这里什么人都接触到了。比如说这个周钧史，资历很深，牌子很大，当时的军统检查站站长见到他还要敬礼。他曾直言不讳地说自己是“中国特务老祖宗”，毕业于浙江警官学校，资格比戴笠还要老，据他说，一九二七年他还曾化装成人力车夫，亲手抓捕当时的中共浙江省委书记，一位著名共产党人。

有一天一早，周站长告诉我不要离开，随时准备为戴笠局长汽车加油，又通知相邻的中国旅行社招待所准备午饭。上午十一点左右，一辆黑色小轿车停在站前。周站长快步上前打开车门，我印象中下车人身材不高，面目稍黑，当然是戴笠。周站长挺直腰板，一个标准军礼。戴笠一愣，随即发问：“你怎么在这里?”周站长用我听不太懂的宁波话说了句什么，即陪同戴笠一同坐车去招待所休息。小车又开回来加油，我为他们加油后搭车去招待所吃中饭。

正是因为有这位“祖宗”站长特殊渠道，每位大员过郃州在我们汽车站加油，事先都有准确信息传来。其中范汉杰将军最具亲民作风。他的座驾直接开到油库门口。我专心致志加油时，一身戎装、身材高大的范将军一直平静地站在油库里看我操作。绝未料及加完油后，将军伸出手来要和我握手。满手油污的小站员一时不知所措，连连后退。将军宽容一笑，道声“谢谢”，对我来了个标准军礼。真正的受宠若惊，车开了一阵子，我才回过神来。一九四八年冬锦州战役，时任东北剿总副总司令的范将军被俘。在欢呼林总大军胜利之际，我对范将军的安危竟有莫名其妙的牵肠挂肚。大概和他那一声“谢谢”，一个军礼的“糖衣炮弹”不无关系。

至于蒋经国、蒋纬国两位，是我所见民国大人物重中之重，反倒无可奉告。尽管知道两位将要驾到，我早早在车站门前恭候，渴望一瞻风采。待两位下车时，也有幸零距离面对面亲密接触。但所存的印象，一个是他们视小站员若无物；二是蒋纬国英气逼人，一表人才，堪称美男子。衬比之下，蒋经国则显得普普通通，甚至庸庸碌碌，无啥特点，有点像个不太受欢迎的中学教员。下车后，他俩在站前边谈边散步；我随车加油回来，他们还在走来走去。然后上车西行，大概是去兰州吧。十几分钟，来去匆匆，如此而已，与其特殊身份相符。

翁文灏也曾到过邠州，所乘是一辆今日通称之面包车。我知道这个名字，因为读书时用的地图册是他和丁文江编著。至于当时他的官衔未曾注意，大约是资源委员会之类。

在邠州这一段时间，客观上来说，也是在周站长的保护之下，别人不敢对我们怎么样。当时周站长已年过四旬，相当于我的父辈。他身材高大，但他脸型却很怪异，是个歪的，酷似朱元璋的画像，颇不雅观。他的太太则很年轻，二十几岁，很漂亮，据说是他出资赎身的从良名妓。他们有两个孩子，大孩子蹒跚学步，名平平；小孩子还在襁褓中，叫安安。我常牵平平、抱安安嬉戏。当年小站员虽少不更事，但喊着“平平安安”，仍能略略体会“中国特务老祖宗”的用心良苦。他这个人曾经是杀人不见血的特务，但到了那个年纪，也许心中相信命运，才把孩子们取名叫“平平安安”吧。

我特别感动的一件事，是周站长从来没有强迫我们参加特务组织。有一次他跟我们讲，你们在这里搞，不如去重庆上学。我就问：“上什么样学？”他说：“无线电。”我们一听就明白了，回答他说，这个没有兴趣。他也就没有再提了。新中国成立以后我在长沙时，组织上要审查我在邠州的这一段历史，还专程去上海找到了周钧史了解我的情况。据办专案的人员回来后跟我说，周钧史当时也没有受到什么冲击。

当时邠州的社会环境也是很复杂的。有一天，我们在罗江的老校长孙东生和另一个老师，坐车经过邠州，他不知道我们在这里，我在车站看到了他们。原来他们要去宁夏，告诉我说这里的国民党党部秘书长姓袁，原来是共产党，自省后叛变了，是孙东生保出来的。他就写了个条子给我们，让我们去看他。我们也去了，还知道当时邠州县县长也是山东人，姓雷。

还有一天，一个从来不认识的人，到车站来找我和刘可牧。他介绍说，自己也是山东人，姓张，在邮局工作。他怎么会认识我们呢？我们当时很奇怪。后来我们知道了，因为我们常给同学写信，这个人在邮局经常拆信看，当时我们在信上虽然不敢公开说什么话，但他一看就知道我们的思想倾向，发现了我们的情况。他到车站来找我们，要我们到他家里去玩。我们还真去过好几次，是很普通的一个家庭，他当时和延安有密切关系，就是在他家里，我第一次看到《解放日报》。

当时国民党的第六军军部也驻扎在那里。这些杂牌军队可怜得很，连一辆汽车都没有，军长去西安开会，都要到车站来买票，坐长途汽车走，派了个副官一天到晚在车站混。有一个职业特务也姓张，不过他们也不敢做什么，周站长这个牌子很大。

庙台子写诗

一九四一年秋天，我在西北公路局邠州车站时，开始学着写诗。

其实开始也并没有想起来要写诗。车站事情不多，我没事就自己看看书，有所感触就随手在纸上乱写几句。当时我印象最深的，就是西北放羊的人很多，他们出来得很早，我常常一大早就听到这些牧羊的人在山上高声地唱山歌，天不亮就唱。在兰州、甘肃、陕北、青海这些地方，人们唱的山歌调子叫“花儿”，很苍凉。这个对我影响很大。我最早写诗就是受这个启发，听到他们唱歌，有什么感触我就记下来。后来我把这些小短文，大约几十首诗，订成一个小本子，还取了个名字叫“果实”，大约是取先开花、后结果的意思吧。

一九四二年我到了庙台子，这个本子也一直带到了这里。

庙台子这个地方，对我这一生来说都算是一个转折。我在这里开始正式地、大批量地写诗。

庙台子位于秦岭柴关岭南麓，过了这里路就越走越平，不远就是留坝县，开始进入汉中平原了。庙台子是山中的一片小谷地。这里有一座很大的张良庙，里面除了可以住上百的道士以外，还可以驻扎一连军队。我没见过这么大的庙。据说张良这个人明哲保身，他看到吕后太厉害了，就以辟谷闭关修道为名，住到这个地方。后来人们就在这里修了一座张良庙来纪念他。

庙台子这个地方风景很美。夏天很凉快，没蚊子没苍蝇，有一座山叫紫柏山，还有一条河，平常是小溪流，一下大雨就会变成河，叫作青羊河。这名字可能和道家有什么关系。

我从邠州来到庙台子，心情是很复杂的。原来我去西北公路局还带有一个梦想，要想办法到延安去。结果到了邠州，虽然离边区只有四十里路，却找不到办法去，只能等，还要第二次入四川，这使我觉得很失望。但是当我坐汽车从邠州去庙台子，一路上慢慢看到北面还是很荒凉的山坡，一下南岭就变得郁郁葱葱，生机勃勃，变化很大，又看到了这么美丽的南方风景，有一种很兴奋的心情。一方面是很沉重的失望，另一方面又有一种重回第二故乡四川，重新感受到自然这么美的兴奋。这种交融在一起的情绪很复杂。虽然当时我没有想写诗，但这些情绪已经在心灵上酝酿着了。

我以前在小本子上写写画画，是不太自觉的，只是一些情绪一些心情的记录，但在庙台子就开始有意识地、真正把写诗当成一件事来做了。这跟两个人有关。

一个是我在山东师范读书时的同班同学。姓晁。他本来的名字叫晁秀贞，是个女孩子名字，后来他自己改成了晁若兵。我和他称得上是少年伙伴总角交。抗战初期，我们一起随学校出山东千里流亡到四川，一起在国立第六中学学习。只不过他在第二分校，我在第四分校。

他是我们这些同学里面喜欢写诗喜欢文学的人，他年纪比我大，写诗比我早，也跟贺敬之一起写诗，笔名叫白莎。当时他们都在罗江国立六中二分校读书，很多年以后我也才知道，白莎到达四川后不久已是地下党员。以他为核心，伙伴们成立了“挺进读书会”，学政治，当然也写诗。读书会成员还有贺敬之。贺敬之当时笔名艾漠。白莎、艾漠之名，互为表里，既富有雅趣，更见情谊。

贺敬之当年到我们罗江四分校来找李广田，想转到四分校来没有成功。那天下着大雨，他走了两百多里地到了四分校，不过当时学校实在是没地方住了，他没有办法转过来，后来去了延安。他一路边走边唱写下的诗，陆续寄给了白莎。伙伴们除分抄刊发于学校壁报外，白莎又抄寄给胡风，在他主编的《七月》杂志上发表。

我在庙台子的时候，白莎在重庆教书。一九四〇年，他就已经在胡风编的《七月》杂志上发表过诗了，是比较有名气的诗人。当时我在庙台子写了诗就寄给他。他就来信鼓励我写诗，还给我寄很多当时他能收集到的诗刊、诗集。当时桂林是文化城，有几本专门的诗刊，胡风还在桂林办了一个蓝天出版社，出版了最早的“七月诗丛”，绿原、曾卓，都是在这里出的诗集，白莎就把胡风出的这些诗集，源源不断地寄给我，我便读到了胡风论诗短札，读到了绿原、鲁藜等人的诗集，我也把我的那些写在旧账本、废报表上的诗歌寄给他。

一九四三年上半年开始，白莎就把我寄给他的诗，推介给重庆的一些报纸，比如《大公报》。姚蓬子，就是姚文元的爸爸，当时在主编《新蜀报》副刊，也给我发表了一首。陈白尘当时在成都《华西日报》编《星期文艺》副刊，我就把诗直接寄给他，陈白尘也都给我发表了。当时我才十九岁，但自己也没把写诗当回事，好玩一样。

贺敬之的诗在胡风那里发表，我的诗发表，都是白莎推介的。

庙台子是个小站，站员只有三个人。每天旅客来来往往，其中有两位给我的印象最深。一位是张大千先生，敦煌临摹数年，满载而归回四川，包租当时最豪华的美制长途大客车，日暮山关，借宿庙台子小镇。跟随他的人比较多，声势有点煊赫。浓髯拂胸的大画家手牵了一条如虎如豹的大黑狗，也不知是不是藏獒，跨出车门，那个样子还是相当拽的。旅客里还碰到的一个人，就跟我写诗有关。

他叫霍恺，是牛汉的同学，西北大学的学生。他不知怎么被分配到西北公路局特别党部工作。在去那里的路上，他坐的车因为下大雨，塌方走不了，就停在了庙台子。天天都有车上的旅客到车站来打听，路什么时候可以修好。霍恺也常来车站打听，一来二往我们就碰到一起了。他告诉我他刚从西北联大毕业，不能不令我这个初中生小站员肃然起敬。我们就常在一起聊天，聊着聊着我就问他："你说你是西北联大的学生，你知道李满红吗？"

这个李满红的原名叫陈墨痕，他用这个笔名发过很多诗，当时很有名气。我从报纸上得知，李满红因为肠胃病没有及时治疗，死了，成为西北联大的大事。《汉中日报》还发了消息，学校也举办了很大的追悼会。所以就问他认不认识李满红。

霍恺说："我认识啊。"但他很吃惊，就问："你怎么知道李满红呢?”我说我读过他的诗。他脱口而出说:“你还读诗?”于是我背诵几句李满红流传甚广的《听啊,中国在响》和谷风(即牛汉)刚刚引起注意的长诗《绿色的鄂尔多斯》。我说我不仅喜欢诗,我还写诗呢。他就笑,意思是你这个小站员,有点瞎扯。我顺手从抽屉里拿出各色废纸装订成册的小本子给他看我写的诗。他看看封面“果实”二字,又看看我,说了一句“不可思议”,打开小本子认真读起来,边读边摇头连说“不可思议”,越翻越吃惊我还真写诗啊,并说我写的诗还相当不错。他还跟我谈谷风,说谷风原名叫史文汉。他也知道长诗《绿色的鄂尔多斯》,他还起谈西北联大文学活动的情况,说李满红有很重的诗人气质,不太懂人情世故,有点不正常,很热的大太阳的时候,一个人站在太阳下面,一动不动地晒。李满红死了后,开了追悼会,一副挽联中有一句叫“满红已去墨痕在”。

我和霍恺是萍水相逢,他给我很大鼓励,我后来还跟他通信很多年。虽然由于生活的变动失去了联系,但数十年来我仍然常常想起他骨骼清奇的脸,矮矮的身材和温和的笑。他对我的诗歌的赞许,也促使我从“因寂寞而写诗”的自在状态,逐步进入放飞心灵、追求精神自由愉悦的自觉、自为状态了。前几年牛汉告诉我,霍恺也在北京,也不知他的近况如何了。

就这样,霍恺给我的鼓励加上我在重庆、成都开始发表诗歌,慢慢地我开始有意识地写诗了。

因为霍恺描述了西北联大的诗歌氛围,加上还有我的一些同学在那里,其中有一个同学去联大上学时经过庙台子,还在我这儿住过。我知道他是地下党员,叫刘锋先。这样我就很想去西北联大所在地城固，主要的目的还是找刘锋先，看能不能找一点共产党的关系。那时候虽然有汽车，但走得很慢，现在从庙台子到城固，多半天就到了，那时候坐大卡车要走两天。第一天住褒城，从庙台子到褒城是一天的车程，从褒城到城固要半天多。但我还是老想着去城固。我去城固倒是有一些便利条件，坐车不花钱，司机都熟悉。加之车站也不忙，早上招呼上车，下午查票，没什么事情。站里只有三个小青年，都是二十来岁，站长只比我大一两岁，也很好说话。我跟他们说，我要请假到城固去找同学，他们就说，去吧去吧。这样我就坐了两天车到城固去了。

我很快找到了刘锋先，他就把杨兆中等同学喊到一起。杨兆中也喜欢文学，也写诗，还给我介绍认识了牛汉这些人，大家晚上就到“高尔基甜酒店”聚会。因为这个老板的胡子长得很像高尔基，大学生们就取了这个名字。第二天晚上，我和他们几个西北联大的学生，一起到了他们的同学寿孝鹤住的地方。

这个寿孝鹤长得非常帅，个子比我高，我们一帮人就在他的房子里大喊大叫，无话不谈。谈到下半夜，那些人都走了，我才发现，我到哪里去睡？寿孝鹤马上就说，你就睡我这算了。我们两个就睡一张床，聊天，越聊越投机。第二天，我说我请你们吃饭，到汉江上玩，我有工资收入。

我在他这里睡了两三晚。有一次，他就指着墙上一张很小的黑白照片说：“你看这张照片，这是我妹妹，在西安西北音乐学院读书，叫寿琴。你们两个通信好吧，我叫她给你写信。”

我说“好啊”，当时也没想什么。都是很单纯的青年，那真是青春年华。

《青羊河小曲》本事

我从城固回到庙台子，刚回去没几天，没想到寿琴就真给我来信了，说她哥哥叫她给我写信。两个人就这样书信往来，几乎是一个礼拜两三封信呢，想写什么就写什么。青年人还真有意思，两个人根本也没有谈恋爱，也没寄过照片，就这样开始通信了。我还写了《青羊河小曲》这首诗寄给她，后来又在陈白尘那里发表了。

我和寿琴连续通信通了三年，她哥哥也鼓励她和我通信。我从庙台子调到宁强车站，我们也没有中断通信。最有意思的是，日本人准备占领洛阳、潼关，打西安。西安人心惶惶，这时我在宁强，寿琴就写信说：“日本人要打来了。他们打来了，我就要到你这里来了。”我就回信说：“只要日本人来了，你就过来我这里。”后来日本人没来，她也就没过来。她那时候上学，也没时间来玩，再说从西安过来也很远，坐汽车要走三天。后来我离开宁强又重回四川，我们也一直保持着通信，信也写得很多。我再回到四川后，变动过三个地方，我们的通信都没有断过。

到一九四五年下半年，我在临水这个县女中教书，一开始还是不断来信，大约是一九四五年初冬，她来了一封信，告诉我她已经结婚了，说你就不要再给我写信了。从那以后我就没给她写信了。当时我们中断通信后，我也没有什么失落的感觉，不晓得她怎么样。我们通信主要是因为她哥哥，他一直鼓励她跟我写信。

我后来才听说，寿琴的婚姻很不幸。她的第一个爱人是西安有名的记者，听说结婚当晚两个人就闹翻了，她可能脾气有点怪。后来她在北京的婚姻也不幸。“文革”前，我到北京去，知道寿孝鹤在人民日报社，我去找过他，他不在。“文革”后，八十年代我才到他家去过。我就问他：“寿琴呢?”他说她精神不太好，有点冷漠症。寿孝鹤有个女儿，好像也有什么毛病，都是不太好。我们在北京就见过这一次。

有一次我到牛汉家去，牛汉夫人吴平就说：“上次你来北京的时候，我跟寿琴说了呢，说朱健来了。我还问她：‘他要是再来了，你还见不见他?’她说：‘见。’”我就说：“你给寿琴打个电话，我们去看她。”吴平想了半天，说：“算了算了，不去了。保留青春美好的记忆多好。现在来看都是老头老太了。”“哈哈，那倒也是。”就这样，我们一直没有见过面。

去年下半年，寿孝鹤突然来了一封信。他告诉我，他早就离休了，之前在人民日报社做资料工作，还在西藏待了六年，回来后就离休了。虽然这么多年没有联系，但我所有出的书，他都有，他都买了。这一点很不容易，我看了之后，很感动，这个寿孝鹤真是个有心人呢。他同时也告诉我，寿琴已经去世了。她的婚姻不太好，他自己对她妹妹的婚姻也很不满，跟妹夫几乎没有来往。

这就是《青羊河小曲》诗歌背后，一段很有意思的青春记忆。

笔名的故事

一九四三年，我第一次投寄诗稿到成都《华西日报》陈白尘主编的副刊《星期文艺》，想取个笔名。恰好收到我在罗江时很要好的一位同学的来信。他的信以“祝健”结尾，我就顺便挪用过来。要寄信时浏览一遍，脑海里突然想起了也是当年在罗江一位姓朱的女同学，就把“祝”改成了“朱”。

说起来，这位叫朱静英的女同学，在罗江的同学里是很特别的。当时我们罗江的学生都是山东出来的，都很贫穷，穿得破破烂烂的。大约是一九三九年的冬天，学校里突然来了一个女同学，引起了全校同学的注意。不要说那时候看她穿的衣服很时髦，就算现在来看也都是很高级的，一看就是那种贵族少女。我们学校女同学本来就少，三百多人的学校女生还不到十个人，而她又实在穿得太抢眼了，虽然说不上很漂亮，但很有气质，成了学校的明星。她就是朱静英。

我和朱静英不是一个班，没有机会接触，当时的男女界线还是很分明的，但她的性格很特别，很开朗，跟男同学接触也很开放，一到学校就有传闻说她跟谁谈恋爱了，引起很多男同学的注目。我们后来才知道，她爸爸是国民党的一个军工厂的厂长。她本来是从老家无锡出来，一个人通过沦陷区来四川，也并没有打算要到我们学校来读书。路上她住旅馆时，跟来我们学校的女同学住到了一起，听她们说起我们学校的好，她说，我也跟你们一起去。就这样到了我们学校。

朱静英的思想也比较进步。很快，她就和我们学校的进步同学融合在一起，非常活跃，特别是跟我的朋友刘守身接触得很多。我和她倒没什么接触。有一次不知道是一件什么事情，她对我不是很客气，但我也没怎么在意。没想到这事情过了几天后，她写了张条子给我，意思是不知道我也是进步学生，大家都是好朋友，对不起。这样子我对她有了一种朦胧的感情，但她对我印象不深。一九四一年皖南事变后，国民党要抓进步学生，她是第一批逃走的，和刘守身一起逃走，先跑到成都，又到重庆，到她爸爸那里去了。一九四三年冬天我在庙台子的时候，写了一首叫《问讯》的诗，就是写的这种很朦胧的感情。

一九四一年她离开罗江后一直到一九四五年，我和她都没有联系。我忘记了是怎么知道她在重庆的乡建学院读书了，那时我已经在胡风的《希望》杂志上发表了诗，这说得上是身价倍增了。因为那时候写诗的全国也只有那么多人，她也很快读到了我的诗。当时我在重庆临水教书，因为过去那种朦胧的情感，我给她写过信，她也给我回了信，我们就这样恢复了联系。她对我有点崇拜，我们之间就有那么一点谈恋爱的感觉，但也不是正式的。

一九四六年的上半年，我从河川到重庆去，还专门跑到乡建学院去找了她，这就有点恋爱的意思了。她这个人非常热情。我找到她后，她就找来很多女同学一起包饺子给我吃，好像是正式恋爱了，吃完饺子她就跟同学们说，我们出去玩去了。

我们两个就找个地方自己谈话去了，谈得很晚。当时我比她要拘束得多，她是非常开放的那种人，说着说着她就要拥抱我，但我不敢。这就得罪了她了。但她当时没有表露。第二天我还带着她去当时在重庆的复旦大学，介绍她认识绿原这些人。虽然她不高兴，还是跟我去了。本来说好，我和她看完这些人之后，就一起去重庆，但第二天她却不去重庆了。我当时也不知道她这种心理的变化原因，回去后还是继续给她写信，但她再也不给我回信了。

说起来很有意思，我认识我老伴余潜，也是因为找她。当时我老是想找到朱静英。有一个同学到了重庆，我就问这个朱静英怎么回事，半年都找不到她。他说，去找三联书店的人一问就知道。他就领着我去找余潜，说找到余潜就能找到她。我说我不认识余潜呢。他也不管，拉着我就跑到城里一家书店。这家书店下面是卖书的地方，中间是天井，有一圈走廊，办公在楼上。我一进书店就看到一个女孩子的后脑勺，头发上戴着一个很红的发卡。然后朋友说找余潜，那个叫余潜的女孩子下来了，就是那个戴红发卡的女孩子。

那是我第一眼见到我老伴，那真是一见钟情，我们就是这样子认识的。人到老的时候总结这一生，最幸福的，一见钟情，白头偕老。一见钟情可遇不可求，白头偕老是可以经营的。

后来我也去了乡建学院读书，余潜去看我，朱静英才知道我们在谈恋爱。她跟我一个同学说："你看，你看，好巧啊，又遇到他了。"我和余潜结婚的时候她也来了。

朱静英在重庆读高中时，跟一个老师谈恋爱，后来这个老师到解放区当了周恩来的秘书。新中国成立后，两个人结了婚，她爱人在新华社，曾经当过参考消息部的主任，后来又当了驻日本新华社分社的社长。我到北京去，她家是必去的，我们是老同学，没有一点拘束。她后来也告诉我，她父亲解放初期在重庆时被当作国民党的重要人物被枪毙了，其实她父亲是无锡地下党的创始人，二十世纪八十年代才平了反。

“朱健”这个笔名，就是这么来的。《问讯》这首诗，也是我在庙台子写诗的时候，对她怀着有那种非常朦胧的情感的时候写的。有意思的是，这些我从来没有跟朱静英说起过，我们也从来没有谈到过这个话题。前几年，她不小心在家里摔了一跤，不久就去世了。

这个叫“朱健”的笔名，就这样带着这一点她不知晓的青春的秘密，伴着我浮浮沉沉了大半个世纪。

从心里流出的《骆驼和星》

从西北联大回来以后，我先写了《青羊河小曲》这些诗，写开手了，不知道怎么会写出《骆驼和星》这么一首诗来。它就像一棵笋一样，突然拱出来的。

很奇怪的，当时我不到二十岁，也没读过什么书，也没多少经历，就写了这么一首诗。其实我一点也没费力，也没有什么构思，有如神助，突然就开始写起来了。我记得写完这首诗大概用了两个晚上，点着蜡烛写，自己把自己感动了，写得痛哭流涕，写完之后，正好太阳出来了，如释重负，一个字都没有改，马上把这首诗寄给重庆的白莎，他回信未置可否，我也没有管它了。

结果没想到白莎把这首诗寄给胡风了。这时候胡风正在筹备《希望》，白莎他也没给我说。一九四四年，我已经到了重庆，寄寓在沙坪坝中央大学学生宿舍里，过着半饥半饱的失业生活。有一天，我突然接到白莎寄来的一封信，里面有两封胡风的亲笔信。一封是写给我的，寄到庙台子，转到宁强又退回重庆。一封是写给白莎，打听我的下落。在给我的信里，胡风说他正在筹备《希望》，叫我《骆驼和星》这首诗不要投到别的地方，将要在《希望》创刊号发表。说这首诗是“从一个深沉的胸怀里成长出来的故事”，当时我并不懂，我也没有认真思考与理解。近几年几次回答几位青年的询问，回忆当年写这首诗的情境与心态，我才一次又一次惊叹胡风对诗的洞察力。他是能够从诗的本身，直接读出诗作者本人的心，感应那血脉涌动的源头与流动的。

这封信让我又惊又喜。更深深触动我的还有他给白莎信中的几句话：“信寄到庙台子去了，退了回来，不知他流落到哪里去了。”那时候胡风在青年学生里的影响太大了，他是真正的鲁迅的传人啊！我们崇敬鲁迅，当然也崇敬他，把他当作偶像来看，精神上的导师，精神领袖式的人物。而我当时二十岁不到，无名小卒，和他素昧平生，仅仅因为一首诗，却使这位年龄隔代的长者、尊者，如此深情地关切牵挂着辗转于生活底层的一个年轻人的命运。这令生活艰辛的我，感到温馨，感到一颗巨大心灵的贴近。

胡风的亲笔信也在我年轻的伙伴们中间引起了很大的轰动。可能现在的人们难以想象，胡风这个名字在二十世纪四十年代部分年轻人心中有着怎样的分量。当时胡风在年轻人中间被称为“鲁迅的大弟子”“活着的鲁迅”“中国的别林斯基”。

年轻的伙伴们七手八脚地把我抬了起来，高呼“乌拉”（“乌拉”是俄语中表示激动、兴奋的语气词，在当时进步青年中很流行），齐力一甩，把我抛到了大学生宿舍中简陋的双人床上层。然后，在那间仅能容身的走道里，咿哩哇啦，扭腰摆臀，载歌载舞，跳起了经戴爱莲大师传播、正风行一时的藏族“锅庄”舞。

《骆驼和星》是在《希望》第一期发出来的。我只在《希望》上发过两首诗，合起来也不过几百行，之所以比较有影响，很重要的原因是，胡风是到了《希望》后，才真正形成了一个很稳固的流派，我的诗是在《希望》第一期，又比较长，所以给人印象比较深。当时“七月派”的影响太大了，到哪里一说这是谁，大家都知道的。新中国成立前写诗的人不多，全国真正写诗、别人又都知道的，只有几十个人，都互相知道，所以说起来了如指掌，不像现在蚂蚁上树那么多。

因为《骆驼和星》，我给胡风写了一封信，于是有了通信往来。我记得在他给我的第二封信里，就这样直率坦诚地提示：不要到圈子里去混，那会把你掩干的。他的忠告很有道理，一天到晚在这个圈子里，很不好，再加上我的性格，也不是坐下来搞这个事的。

我一辈子写的诗不多，总共也只有两百多首，因为我是断断续续地写，比较集中写的，一九四三年、一九四四年、一九四五年。这是一个时期。最集中写诗的时期是一九四三、一九四四年。再一个时期就是“文革”以后，一九七八年开始零碎地写，一九八二年到一九八九年也写得比较多。虽然技术上可能要纯熟些，但是最高峰还是《骆驼和星》。这是没办法的事情，因为我的生命不可能再有那样的经历，我不可能再有二十岁时候的心灵的敏感和纯净心境，那是生命的自然的流动。

我常讲，我这一辈子就写了一首诗。这里边有两层意思，一个，我真正有影响的，我自己也比较满意的诗歌，的确也只有《骆驼和星》这一首。胡风评价说是“从一个深沉的胸怀里成长出来的故事”，我当时也不懂这句话。现在回头再看，可以说诗里有很沉重的沧桑感，比较深厚的历史感，还有宗教感，但我又没学过宗教。这首诗预言了不是一代而是多少代的感受，还有更多更多的意味，我无法理解，也没办法解释。我自己常说，这一辈子吃的就是这首诗了。

这首诗也是当时自己生活感受的真实经历。想追求一个很美好的理想没有实现，带着很失落的感情又回到了南方，回到了四川，所以很失落，当时内心也是很压抑的，周围也没什么人可以谈话，但是这个愿望并没有放弃，还想以另外的形式来实现，哪怕遭受更多的挫折还是要实现这个美好愿望。

《骆驼和星》这首诗实际上就是写内心的这么一个历程。为什么胡风评价说“从一个深沉的胸怀里成长起来的”？因为它不是偶尔触发的，而是酝酿了很长的时间。而且这种追求愿望的情感经历往往是一个人一生都是这样。当时自己写的时候没想到，但回想起来人一辈子就是这样，一辈子都追求美好的东西，永远都处在追求的过程里面。所以胡风这个人厉害，一句话就点穿了这首诗的灵魂。当时我才十九岁，是不到二十岁这么一个小青年，却有这么一种深沉的感受可以概括自己一生追求美好的历程，我以后写的别的诗或者是这首诗的补充，或者是发扬。

所以我老是说一辈子只写了这首诗，也有这么一层意思。我觉得自己本质上是一个诗人，凡是具备诗人气质的人，都是一生在写一首诗，总有一个基本的调子，他可以写各种各样的体裁，但如果把这些诗放在一起，可以看作是一首诗。他总有基本的调子，总有最能引起他创作灵感的体裁。

林贤治给我的诗集写前言，说我写了很多女性题材的诗歌，我没有想到这些事，但女性的题材，确实是最容易引起我创作欲望的。女性是大爱至美的象征。女性作为妻子、母亲的双重身份，不管对于自己的伴侣还是子女，都是大爱，不想自己。这种大爱就是至美，所以女性是这样的象征，《骆驼和星》就是说的这个东西，也是对大爱至美的一种赞美。

“骆驼”与“星”的这两个意象也很有意思，当时没有想这些事，一想就写不出来了，它们是自己蹦出来的。如果一定要解说呢，骆驼它需要的最少，付出的最多，而且默默无闻。这和我出生在北方有关，我小时候就经常看到拉骆驼的人，从小就看到有位拉骆驼的人到村里来给人看病，所以这个形象是一直就在心里的，很自然地出来了。如果从小生活在南方恐怕很难写骆驼。为什么会选择神话这种体裁也是很有意思的，我的想象力比较丰富，这个和我从小就听《聊斋》这样的故事有没有关系就很难说了，不过从小就接触到文学作品，是能启发人的想象力的。

关于《骆驼和星》这首诗，还有一个小插曲。二十世纪八十年代我去北京找牛汉，几十年没见面了，我在人民文学出版社找到他，他一见面的第一句话就是说的《骆驼和星》。他说一看到这个，就知道是与他有关的。他指着诗说前面两句："昨夜，在干涸了的河底聚会/一位诗人说一个沙漠的童话。"说这两句不是正式的诗，是讲诗的来历，应当要用另外一种字体来印刷。后来出版诗集时，我就采纳了他的意见。

这首诗确实和他有关。我当时去西北联大时，天还有点冷，我穿了一件羊皮袄子，就是北方赶大车的，一般的老百姓常穿的那种没有面子的袄子，羊皮穿在外边。我当时就有一件，带着去了城固，我把羊皮袄子摊在汉江的沙滩上，我们两个人躺在上面，无话不谈，海阔天空，说了一上午。牛汉当时已发表了《绿色的鄂尔多斯》，是小有名气的诗人了。

还有一首诗，我自己蛮喜欢的，叫《早晨，我开始写诗》。这时我已经从庙台子到了宁强，住在一间破破的小房子里。一天早上起来好冷，本来没想写诗，听到外边有人唱歌，突然有了灵感，脸也没洗，就在桌子上写，一字未改，坐到那儿就写出来了。

写诗跟写小说不一样，写诗就是很直接的东西，无法隐藏，真正从心灵里流出来的东西。大师也是一样，没有办法的事情。《骆驼和星》这首诗，几乎谈不上要思考任何写诗的技巧，就是从心里流出来的。八十年代后写的诗，虽然阅历丰富了，技巧也更纯熟了，但是再也没有那种自然而然的心灵流动之感了。

重庆风云

重返四川

我在庙台子车站待了不到一年，就调到了宁强车站。一九四四年的春节，我是在宁强过的，在这里待了大约四个月后，又回到了四川。

我之所以想从庙台子往宁强调，是想把我母亲送到四川去，那时我父亲在那里。母亲带着弟弟不远千里到兰州来找到了我。如果是自己掏钱买票坐车从陕西去四川要花很多钱，我没这个经济条件，只能想办法先调到宁强，再通过这里往四川走。

在宁强的环境没有在庙台子那么好。庙台子我们几个小年轻，都是二十岁上下，大家无所谓。但在宁强这个小站上，站长虽然是个小官，却有点小官僚的味道。我带着妈妈到这里，他一点都不管你，我自己租间很小的房，吃饭就搞个小炉子自己做。庙台子的时候，弟弟就跟着我的同学到重庆去了，在宁强就是我和妈妈在一起，过得很清贫。农历的四月底，我就写报告请假说，我要送我妈妈到四川我爸爸那里去。就这样，我领到了两张公路局的免票，到了广元，进入四川。

广元这个地方据说是武则天小时候在这里住的，是进入四川的第一个中等城市。当时我父亲在重庆附近一个叫合川的地方，那里有一个当时国民党教育部直属的生物标本制造所。这个制造所基本上都是山东的人，因为所长就是山东的一个当时很有名的生物学家，姓马，这个人是父亲的中学老师，当时在国民党区很有名。从广元到合川去，最便捷的办法就是坐船走嘉陵江。我们从广元坐木船，虽然是顺水，一天也走不好远。我记得是在船上过了端午节，大约到农历的五月中旬，才到了合川生物标本制造所。标本所在一个大庙叫北仙庵下，一个叫钓鱼城的地方。

这个地方很有名，当年蒙古大军打败了宋朝，但因为这个城，双方僵持了三年，是蒙古军队最后攻下来的地方。钓鱼城的来源也跟这段历史有关。这里地势险要，当时蒙古领兵大汗叫蒙哥，以为只要包围了这里，饿都要饿死宋朝的军队。结果，山上的守军为了表示他们资源丰富，从山上钓到了鱼，还叫山下的蒙军看。当时整个南宋都被占领了，他们在这里坚守了三十六年，蒙哥最后死在城下。

生物标本制造所就在城下面。我父母希望我留在身边，但我不愿意，自己又跑到重庆去了。因为我有一些同学在重庆的中央大学读书，就是现在南京的东南大学的前身，校长是蒋介石。抗战时候流亡的中学生和大学生都是公费，学校管饭，不但不交学费还有饭吃。我就跑到中央大学去，吃饭就跟着他们去吃，睡也睡在那里，一方面也想找工作。

一九四四年十月间，秋末冬初时，我父亲的一个朋友秦林舒把我介绍到川西乐山永利化学公司去了。秦林舒这个人说起来是民国四公子之一蓝公武的女婿。新中国成立后当过最高法院的院长。秦林舒当时在国民党的中央图书馆工作，曾经是抗战之前一个叫通俗教育出版社的成员。

永利化学公司在离乐山五十里路的一个小地方，叫老龙坝。这个公司抗战之前是中国民族化学工业的代表，办在天津，永利化学公司用“侯氏制碱法”制碱，总经理叫范旭东，湖南人。总工程师叫侯德榜，新中国成立后当过化工部副部长。范旭东有两家企业和一个研究机构。还有一家叫九大盐业公司，还有一家叫海王研究所。抗战爆发后，永利公司搬迁到了老龙坝，那里有一个煤矿，五通桥附近有很多井盐，公司就用这个井盐制碱。

永利化学公司是我看到的第一个现代化企业，很规范，有很多留学生，管理得井井有条。管理层里还可以看得出中国很传统的东西。比如中层以上的管理人员，相互之间都称“爷”，我的部门负责人姓赵，就喊“赵四爷”。公司里的文教科长叫李一非，也曾是通俗教育出版社的。秦林舒就是把我介绍给他。范旭东这样的企业家比较重视职工的文化教育，专门设了一个文教科。我就在这里当文化教员。就我们两个人。主要是办职工夜校，白天基本没什么事。晚上的职工学校，谁愿意谁就去上课。那时候工人真是非常贫困的，晚上来上课的不多，十几二十个人，一个教员，语文、数学都教，都是些小学的文化，老师愿意上什么上什么。上完课八九点我又回到办公室，每天听广播，听到晚上十二点，边听边把内容记录下来，晚上十二点厨房煮一锅面，吃完后把广播的内容写在一张纸上，贴在公司大门那里，第二天职工一上班就可以看到。

这样做了两三个月，管文教科的赵四爷很欣赏我，对我办事情很满意，就提拔我，任命我做工宿课课长，管工人宿舍。我就住在宿舍里，教工人要打扫卫生，那里还有个小茶馆，有个澡堂，进行管理。这样子又搞了一段时间。

李一非的夫人是个话剧演员，他们两个都是左派人士，我和他们谈得来。员工里面还有一部分人，介于工人与正式职员之间的，有十几个小知识青年，我们给青年介绍进步书籍，还组织了一次罢工。因为煤矿上的一个工人触电电死了，我们就通过小知识青年（当时也有地下党，但我们没有联系，他们也许有联系），联合起来罢工。公司有武装，但事态还是比较平和，因为李一非在上层做了工作，说千万动不得枪，一动枪越闹越大。结果为这位工人开了很大的追悼会。另外呢，在这里还碰到一个有意思的人，刽子手徐昌风，当时在中华剧艺社搞过，在这个公司还组织了话剧演出，很懂行。我们搞得还比较活跃。

有一天晚上，我从广播里突然听到日本人投降了，那就不得了，老龙坝的工人，街上的老百姓都出来了，完全是自发的。那个气氛呀，小镇挤满了工人，老百姓狂欢。

抗战快胜利的时候，共产党组织大批知识青年进入解放区。我也就在这个时候接到了重庆一直跟我有联系的一名地下党员刘晴波给我发来的电报，当时他在中央大学读书，要我马上去重庆，进入中原解放区，就是李先念在鄂豫皖边境大别山区建立的解放区。电报上当然不是这么写的。我高兴死了，什么都不要了，行李都不要，马上买船票上重庆。我告诉李一非，我不会回来了，我到重庆去送我妈妈回家。

结果我跑到重庆找到那些同学，才知道又不去解放区了，因为当时整个都乱套了，路线不知道怎么走，找什么人也不知道，去不了，我在重庆就留下来了。我不愿意回永利公司了，原来安排我走的同学，又想办法给我找工作，把我介绍到重庆华莹山过去的一个县邻水，要我到邻水女中去教书。到那里去交通不便，很困难，我先坐船到长寿县，在长寿县坐滑竿，走了两天半过巴山，才到邻水。

我在女中教书，二十岁多一点，邻水的男中有正式的地下党组织，女中没有，我和另外一个同学是地下党介绍去的，他们以为我们是地下党员，专门派人来找我们，要我们成立一个党小组。我们只好告诉他们，我们不是党员。

在那里只教了半年，和校长搞不好关系。这个校长是老处女，年轻时留学日本的大学生，一辈子没结婚，出身大户人家，有快五十岁了。当时我才二十一岁，天不怕地不怕，这个老处女校长脾气怪，开大会时骂学生“你们都是猪啊”，我们上课时，我公开讲："校长骂你们都是猪，她不就是个老母猪啊?"这样我只搞了一学期，就走了。

当时邻水属大足专区，这个大足专区是乡村建设实验区，专员也是梁漱溟这一派的，叫霍六加。我当时给他写了一封信，告诉他我在这里教书，放假了想回重庆，问他有没有便车去重庆。结果我走了之后，霍六加还真的派了车到学校去找我。校长不知道有这个关系，把她吓了一跳。

初谒胡风先生

一九四四年初冬，我当时已经到了四川，在五通桥永利化学公司谋生。由于胡风的指引和伙伴们的鼓励，我在五通桥写出大量的诗，做了各种尝试。我记得重庆《新华日报》刊登了陶行知的《创造宣言》："上帝创造天，创造地；人创造上帝，人是创造主。"巨大的气势和热情马上吸引了我。激动之中，我用全部摘引原文的方式把《创造宣言》改编成一首长诗，寄给胡风。他很快回信，表示了意见："很热情，很可惜被原作一些俗语拖累了，诗应当有自己的语言。"以后，胡风在悼念陶行知的文章中提到有人把《创造宣言》改写成诗，大约指的就是这件事。

神话，一直对我有特别的吸引力。但在灾难深重的年代，写一些脱离现实的题材，是否合适？我感到困惑，便向胡风请教。他回信明确表示："神话当然可以写。神话，是照亮黑暗天空的光电，是刺破腐朽人生的长剑，你应当写。"但我却没有再写了。

我在五通桥的时候，牛汉到西安创办了一个文学刊物，取名《流火》。“七月流火”，意思很明白，表示自己也是拥护胡风的。他这时和胡风还没有任何联系，写信给我转请胡风为《流火》写文章。我当然照办，胡风却是慎重的，回信说：“写文章，以后看看再说吧。”牛汉的刊物一期而终，胡风的文章自然没有写。胡风可能不愿意给不太了解的人。新中国成立后，大约是一九四九年下半年或五十年代初，牛汉把他的诗集通过复旦的同学，寄给胡风，才跟胡风联系上。

一九四五年下半年我在邻水教书，假期到了重庆，按信上的地址，到张家花园去看胡风先生。第一天，是中华剧艺社的演员魏永秀带路。他认识也住在张家花园的陈白尘，而我则在陈白尘主编的报纸副刊上发表过几首诗。这次，陈白尘说：“胡风出去了。”我留下一张便条请他转交。送我们出来时，陈白尘指着一间东向的小屋说：“胡风就住在这里，明天再来吧。”

第二天，我径直走进了这间小屋。不顾屋子里正有别的客人，自报名姓。胡风正坐在西边窗下条桌与书架之间，面色黝黑，宽额秃顶，身躯伟岸，有点胖。他马上起身，目光炯炯，伸手相迎。这时坐在北边墙下一张大床上一位秀美的女性也站了起来，含笑连声：“知道你要来，欢迎欢迎。”我想这就是有着许多美好传闻的梅志了。他们两个人对我热情张罗时，那位客人起身告辞，用十分锐利的目光扫了我一眼，飘然而去。胡风送客到门边回来对我说：“这是冯雪峰。”

我在冯雪峰坐过的椅子上坐下来，对面是窗下侧身而坐的胡风。房子很小，整个下午，大约就是我手比指画滔滔不绝地信口开河。身心自在，无拘无束，因为感到始终有一双明亮清澈、兴味盎然、坦诚热烈的目光在注视着我，鼓励我倾吐一切。我到底说了些什么？现在已经记不太清了。只记得他一直侧头微笑着听我高谈阔论的面影，还有偶尔的插话和提示："看到《财主底儿女们》了么？怎么样？"我不假思索地说："热情，非常热情。"

听了我的回答，他显得兴奋，立即说："第二部更热情，快印出来了。"谈着话，他突然转身从身后小小的竹书架底层抽出一本杂志，《希望》第四期。递到我手中："刚印出来，有绿原的诗。"我不等他说完，便翻开来读，绿原的《终点，又一个起点》赫然在目，不禁忘乎所以地读了下去。直到我读完，他始终没说一句话，只是默默地坐在窗下看着我。读完，胡风问我："你不是也写了一首长诗么？"他指的是我在邻水写的《中国，什么是和平的代价》。

胡风淡淡地谈到《骆驼和星》，毫无奖饰之意，只是说："一位朋友，在女子中学教高中，当教材给学生们读了，不知道反应怎么样？"梅志接过去说："蛮好。反应蛮好。"我应声说："我的一个朋友说这不是诗，是造谣，一个美丽的谣言。"胡风听了，先是一愣，接着大笑："美丽的谣言，美丽的谣言。"

除此之外，印象完全一片模糊了。以后我是否又到过一次张家花园呢？也不记得了。因为我记不起《中国，什么是和平的代价》这首诗是在邻水寄给他的，还是这次见面带过去的。只记得他把诗稿交还给我的时候说："太激动了，不行，太杂乱，仔细改一改，再寄给我吧。”我认真地改了这首诗，赶在他们离开重庆东下前又寄给了他。临行前他写信告诉我，稿子已交给了由何其芳主持的《希望》等四个刊物联合特刊。一九四六年春天，我在重庆覃家岗教书，何其芳把稿子寄还给我，说联合特刊篇幅有限，诗太长，没法发表。情况是确实的，并非推诿。在此之前，我有一首歌颂毛泽东的短诗，也是胡风转给何其芳在联合特刊发表，而且招来一位读者的直言批评，表示他不理解为什么要写这种赞美个人的诗。在发表这封读者来信的同时，何其芳执笔为我辩解，文辞十分委婉温顺：也许作者认为毛泽东同志对中国人民所做出的伟大贡献是有目共睹的，用不着另外的说明和解释，便写了这样的诗。

这场小小的风波当时并没有人注意。我的赞美诗也无助于解脱一九五五年迎面而来的困境。现在想起来，倒是能品味出一点历史的幽默感。

胡风和妻子梅志

一九四八年，胡风从上海给我来过一封信，说他准备到香港去，他说“不安渐强”，当时胡风不愿意去延安。他当时对周扬这些人有些看法，他不会去延安的。

从那以后我再也没跟他联系，全心全意搞地下工作去了。

晏阳初先生和乡建学院

一九四五年，我又回到了重庆。当时正是重庆最热闹的时候，旧政协开会，民主运动也很热闹了。

过春节时，我就回家里，我父亲要介绍我去合川一所小学教书，我就跑到重庆去了，也不懂得父母的关心，又住在中央大学，还找到一个代课的地方，是一所中学，叫中正中学，是黄埔军校军官的子弟学校，条件很好。这里的教导主任是地下党员，这是我新中国成立后才知道的，当时有个作家叫丰村介绍我去那里代课，他二十世纪八十年代任上海文联的秘书长。

我在那里教了两个月，感到真正要长期执教，还是要有学历。我只有初中学历，本来没有资格考大学，我就用“肥皂公章”造了一张假文凭，再以乡建运动子弟的身份，请父亲的朋友孙伏园先生修八行书致信赵水澄先生。赵先生当时是平教会秘书，正在乡建学院任教。我至今记得孙先生八字胡，黑框眼镜，笑眯眯胖乎乎的圆面孔，小胡萝卜一样的手指上套一翠绿钻戒，在重庆国泰电影院对面一家极普通的茶楼上，一字一画，笑眯眯地给我写信。

就这样，我到了乡建学院读书。

乡建学院是晏阳初先生创办的，在重庆北碚区歇马场附近。传说三国时，关羽曾领兵驻扎此地，放养过军马，后来人们就叫这里“歇马场”。歇马场附近有一个很知名的大磨滩和高坑岩瀑布。

从歇马场车站下车，坐小马车沿着一条叫龙凤溪的小溪走大约十里路，再过一座红色的小木桥，就到了乡建学院。龙凤溪两岸都是竹子，非常漂亮，一开始是小溪，快到乡建学院时水量突然增大，就变成了一条小江了，过了学校再往前走，就是有名的高坑岩大瀑布了。当时乡建学院的附属小学叫景慧小学，景慧小学的孩子们喜欢唱一首歌："大磨滩，高坑岩，大瀑布，真好玩。"歌词不知是谁写的，曲调据说是一首美国流行歌曲，旋律热烈欢快，琅琅上口。景慧小学的孩子们放学时成群结队地唱这首歌，很是热闹。

景慧的寓意是景仰朱其慧女士，即有"熊凤凰"之称的熊希龄的夫人。她是著名的北京香山慈幼院创办人，中国平民教育促进总会第一任董事长，陶行知是董事会书记，晏阳初是总会干事长。总会的办事处最初就设在熊公馆两间小房里。

学校不是很大，是晏先生用四处募捐来的钱办起来的，占地大约两百亩，四周都是农田。我入学时，是瞿菊农先生担任代理院长，他的侄子就是有名的瞿秋白。不久，晏阳初先生从美国回来，每周一次，亲自用四川话给我们讲平教运动史。

晏先生是真正的大演说家。他个子高，腰挺得笔直，一般是穿一套藏青色的西装，或者一件深色的长衫，用四川话说起话来，声音非常洪亮，也很风趣。他讲起平教史，因为是亲身经历，如数家珍。现在回忆起来，印象最深的是他对"平"字的解释和"博士下乡"。

"平"字是平教会的会徽。走进乡建学院校区，每一栋房舍屋脊上都嵌一个"平"字，实在是一道独特而亮丽的风景。晏先生解释"平"字说，最上一横，代表人的头脑。人无头脑，指思想、理性的头脑，一事无成。横下两点，是两只眼，左眼代表平等，右眼代表公正。两点中间的十字架，是像耶稣基督一样牺牲自己，拯救世人的“心”。总而言之，以“平”为会徽，主是召唤平教会成员，乡建学院师生，用有思想有理性的头脑，用平等、公正的两眼，用同情友爱的心，为苦难的人群而牺牲，而奋斗。这个人群，在中国就是数以亿计的农民，平民的主体就是农民。

至于“博士下乡”，是指二十年代至三十年代，晏先生主持的持续近十年的平教会定县实验。来自四面八方的各类知识分子，都到河北定县去搞平民教育运动。当时平教会的总部也搬到了定县。随之举家迁居定县的知名学者、教授，先后达数十人，一九三五年平教会工作人员达五百多人，绝大多数是知识分子。小小定县一时人才荟萃，称得上是中国知识分子史上一段别具异彩的风流佳话。

之所以叫作“博士下乡”，因为是博士带头，以博士为骨干。晏阳初先生就是耶鲁大学法学博士，师从曾任美国第二十七任总统的塔夫脱；他的夫人许雅丽女士是碧眼金发的华裔，我们尊称她许师母，是哥伦比亚大学体育系的高才生。晏家日常生活，彻底西化。就是这么个洋家庭，一九二九年携襁褓婴儿离开北平，迁居定县，安家落户，直到“七七”事变，一住就是八年。晏先生晚年曾回忆这段岁月，仍然充满感情：“我两个女儿，群英、华英就是在定县乡下长大的。我们穿粗布大褂，住农民的漏雨的房子，我们从北平连家属一同去，与农民一起吃苦，吃穿住一样，才逐渐成为农民的朋友、亲人。”

又比如孙伏园先生，因为编辑《北京晨报》副刊，首发《阿Q正传》而名垂青史，曾留学法国，任教北京大学。经晏先生一番鼓动，毅然下乡，创办平教会《农民报》并任主编。大约这也是中国办在农村的第一份农民报纸。瞿菊农先生，哈佛大学教育学博士，据说是中国荣膺此学衔之第一人，学成归国，屈就平教会平民文学部一名干事。熊佛西先生是另一位哈佛大学博士，戏剧大师，辞去国立艺术专科学校戏剧系主任职务，迁居定县农村。四十年代后期，我读到过他祝晏先生六十大寿的文章，印象最深的是说“他身体像一棵青松”。

听晏先生讲平教史，还有一件事印象深刻。就是说他的经费来源，主要得之于他个人的募捐演说。他说真正的演说家，能使听你演说的人，把自己腰包里的钱，自觉自愿高兴地放到你的腰包里。他讲在美国各大城市公交车上宣讲平教理论，听者忘神，竟无人下车，车到终点，纷纷解囊。讲某位百万富翁，听演说后，携巨款造访晏氏寓所，为了表达他的敬意，二十几层的高楼，甚至不坐电梯，逐级拾步而登，走得气喘吁吁。大名鼎鼎的洛克菲勒基金会也为平教理论所打动，专款资助。晏先生甚至能把当时的美国总统杜鲁门变成听众，面对总统阁下宣讲平教教义。

当然也有不听这一套的“铁公鸡”。有位美国富豪，任何善事都一毛不拔。后来探知他情有独钟的是钓鱼。乡建学院于是成立一个钓鱼协会，翠竹夹岸的龙凤溪畔，遂有那么几位钓鱼协会会员，临水而钓，摄影成照，情趣宛然，寄往大洋彼岸。是否“钓”到富豪腰包美钞，我后来已经离校，不知结果。

晏先生是个虔诚的基督徒，毛泽东曾称他是以“宗教家精神从事平民教育运动”。他的演讲总是以情动人，以平易的事情说话，以坦诚之心与人沟通，令人亲近。记得当年乡建学院弟子必修课就是每周一次全校集会的演说。每个礼拜一，叫纪念周，本来是纪念孙中山的，后来变成了每个周一一起开次会。学生轮流登台，五分钟讲清一个问题，并评定名次，晏先生只要在学校，一定会亲临主持并讲话。现在的大学生辩论赛，国际国内，电视转播，风光之至，其实五十多年前我们就习以为常了。师生集会时，按照平教会传统行礼，全体起立，唱《中华平民教育运动歌》。歌词是晏先生请人执笔写的，自选《苏武牧羊》曲调谱成。众人高歌，激越昂扬，苍凉悲壮，浸淫其中，的确能感受到几分宗教情感。当年年近花甲的晏先生引吭高歌的身姿，笃诚笃敬，肃穆庄恭，正是一尊虔诚布道者声容。

我记得每年圣诞节，晏先生还会和他的法国夫人在他们住的地方，请全校师生一起过圣诞节。他住的地方叫晏园，在一个种满橘子树的橘园里，是一栋三合院的小平房。橘树上用一些彩带之类的做装饰，晏先生身穿着西装，很庄严地在橘园里带着大家一起唱圣诞歌，他夫人就在一旁弹钢琴伴奏。

我那时候在学校是积极分子。晏先生对我最欣赏的，是有一次学生会改选。当时乡建师生左派占优势，就想搞清楚哪些是拥护的，哪些不是。不记得是谁出了一个主意，搞记名投票。开票的时候，要唱票，这时候有一个中间派同学，我刚宣布开票、唱票，他突然站起来说：“既然叫人写了名字，那就要把填选票的人也念出来。”这一下就全场哗然了，因为有的人愿意公开自己的名字，有的不愿意，这下会就开不下去了。主席团的学生都是左派的，我这个主持会议的很尴尬，不知道怎么办了。我就和台上的成员挨个征求意见，大约停了十几分钟，晏阳初也在场，但他不动声色不表态。大家的意见是当然不能念名字，是一种隐私。最后宣布开票时，下面拼命鼓掌。后来晏阳初到南京开国民党政府的国民代表大会，回来他在会上谈他参加国民大会的感想，顺便说到，国民大会上要有一个像前几天我们那样的一个主席就好了。

晏阳初和夫人

晏阳初对我印象深刻。当时如果我英语好，他肯定带我去美国了，但当时我可能也不愿意去，认为他不够进步。我这个人不知怎么会引人注意，当时我是新来学校的学生，大约学校有一些爱好文艺的学生也知道，我是胡风的弟子。主持这个会，也是各个年级的学生代表在一起开会推选的，我到学校不到两个月，一下把我推出来了。后来我听说在推选人以前，同学们议论说，那个穿呢子大衣的可以。因为我当时常常穿一件呢子大衣，这样子把我推出来的，一下子在学校成了名人了。

忆乡建学院的几位老师

乡建学院教授中有“贵州三王”，都是贵州人。一个是王启澍先生，当时年轻潇洒，已经是地下党员。乡建学院不设党国代表训导长的，国民党、三青团等都无法公开活动。特别设学生生活辅导委员会，就是由王启澍先生主持。他在学生中威信极高，晏阳初有一次在大会上赞扬，王先生是一位多么漂亮的教授啊！引起满堂欢笑，热烈掌声。

王慰民先生也很年轻，教授中国通史，另一位王诗农先生，也叫林辰。三位同住一户农家小院，前两位我都有幸谒府请益，林先生家则没有去过。三位先生当时都不过三十岁上下，前两位风度翩翩，相比之下，林先生则很有些老气横秋。我印象中永远一件蓝布长衫，一双布鞋，面色黝黑，不苟言笑，在田间小路上独来独往，少与人交往。这也许是我一直未敢登门拜访的原因吧。

林先生教我们大一国文，课堂印象与平日大不相同。起初从课表上只知道是位王先生。第一节课，众生刚刚落坐，王先生已经悄然而至，登上讲台。两袖清风，双手空空，无一书片纸，也无一句自我介绍的开场白，张口就是："我们开始学习《阿 Q 正传》。"大约在先生看来，既然已是大学生，对于鲁迅及他的作品，应当知道个八九不离十。所以，一般化的作者生平、作品意义、时代背景之类，不必多讲，直奔主题。不过众多学子多半目瞪口呆，一头雾水。先生目不旁视，细声慢语，浅吟低诵，一字不落地照背《阿 Q 正传》原文。间或停顿片刻，说出自己的见解，简洁了当。这样的授课方式，难怪学生有点不适应，我因为初中时就听过李广田老师讲《阿 Q 正传》，大体上还能消受得了。不同的是李老师有书在手，照本宣讲，有说有笑，生动活泼，几节课下来我们班上便出现了几位冠名阿 Q、小 D、王胡、假洋鬼子的同学。这位王先生则是鲁迅文章烂熟于心，字字句句均化为他自己的贵州土音，随口而出。尽管有些同学听来十分费劲，也不能不惊叹先生的惊人记忆力。简而言之，我们的大一国文就是听林辰先生背诵、讲解鲁迅小说、散文、杂文修满学分的。如此可遇不可求的幸运，当年也不知珍惜。

离开乡建学院后，很少听说林辰先生消息。二十世纪五十年代初，传闻先生到了北京从事《鲁迅全集》注释。心想先生真是得其所哉。二十世纪八十年代中期我出差北京，曾和乡建学院在京同学拜谒当年师长。家家顺顺当当，却在林辰先生那里吃了闭门羹，怎么敲门也了无回应，惊动了邻居。他告诉我们，先生居室窄小，一个人独住，儿子或者女儿住在楼上，出门上班，即交邻居代为照应。好邻居热情地带我们到先生房间，房里光线暗淡，寂然无声。邻居忙着找茶杯，倒开水，才发现暖瓶是空的，颇表歉意。我们谢过邻居后，才注意到床上半躺半卧的老人。林先生对我们的到来没什么反应，只是把头略为侧转，目光呆滞。我们一时不知道如何是好，躬身俯就床沿，一一自报姓名。先生一片茫然相对，慢慢才稍有笑容，轻轻颔首，大约还有些模糊印象。此情此景，我们不好更多打扰，心中有些愧疚，但又无能为力，只得默然离去。

我在乡建学院读的是教育系，准确地说是乡村教育系。很有意思的是，我们还要学一门营养学，这是必修课。任课老师是张汇兰，一位人过中年但体态刚健的女教授，刚从美国得了博士学位回来。当时我们这些二十多岁的毛头小伙子，特别是我们自以为进步青年，对美国回来的博士，打心眼里不以为然。还觉得到处都是吃不饱饭的贫苦人，我们却要学什么营养学，很不太想得通。对于张汇兰教授的课，也只算是为学分而听了。

张教授端庄大方，上课时便衣长裤，朴素整洁，轻声慢语，温厚可亲。讲的也都是最普通最常见又最实用的道理，毫无高头讲章气息，也没有听她用过一句外语，当时海外回来的教授用外语是很普遍的。多数同学对营养保健这门课兴趣不大，但这么一位气质仪容都有知识女性成熟之美的教授上课，我们如沐春风，如近莲台，倾倒迷恋，传闻她又是终身不嫁，更有几分神秘风采。她讲授的内容，当时我既未在心，现在更是忘得干净。只有一件事，记忆犹新，显示这位大学者讲求实效精神。在她的亲自操办下，我们那简陋之极的学生食堂，居然常年坚持每天早餐供应新鲜豆浆。艰难岁月，实在来之不易。

说来很惭愧，营养保健这门课，期末考试我只得了二十几分，因为课上得少，老是逃课去搞学生运动，又从不记笔记。教务处通知补考，只好应命。于是带了一本借来的笔记本，走进一间翠竹环绕的白色小屋，到张教授那里去补考。

她见了我照例是温和地笑笑，说知道我不常上课，很遗憾，不及格，就要补考。说话处不轻不重，让我有些不安。她拿出事先准备好，专门为我一个人而设的题目，说："很容易，你会及格的。"她看见了我手中的笔记本，说："借的？学什么都要靠自己。我还要工作，相信你，所以不陪你。"说完，她走进内室，我一个人坐在外面。虽然考题容易，不过碰到不会做的地方，我还是一咬牙，一狠心，翻开借来的笔记本照抄不误。我还记得当时考的一道题目，是黄豆的营养成分，当时答不出，现在也不知道。

当时的北碚，被称为"陪都的陪都"。因为一九二七年，著名的乡村建设理论家和实干家卢作孚，开始着手以北碚为中心的乡村建设实验。北碚在短短二十年间，城市建设形成层层扩大的"同心圆模式"，是一个当时内地很少见的有点现代化气息的小城。小城非常干净，当时城里嘉陵江对岸就是抗战时期的复旦大学，离郊区的北温泉风景区不远，是梁漱溟先生一九四一年创办的"勉仁书院"和"勉仁中学"，加上晏阳初创办的乡建学院，一时间算得上是教育重镇。

一九四六年秋末冬初，梁漱溟先生以民盟秘书长身份折冲国共两党之是，反对内战，呼吁和平，但国民党军队攻占张家口，和谈失败。梁先生辞去秘书长职务，回重庆北碚勉仁学院，潜心著述。勉仁学院离北碚附近的风景区北温泉不远。这时晏阳初先生也从美国回来了，亲自主持乡建学院工作。两院近在咫尺，两人也是惺惺相惜的好朋友，晏先生就邀请梁漱溟先生到学院来讲学。

那一天天朗气清，晏先生率部分师生到歇马场汽车站迎接梁先生，我也去了。晏先生着青色西装，潇洒优雅，梁先生长衫布鞋，修洁儒雅，两位先生沿着翠竹夹岸的龙凤溪，并肩而行，真是一道绝佳风景。可惜未能留下照片。

初见梁先生令我最为震撼的是他巨大凸显的前额，暗想真是吉人。难怪仅有高中学历的梁先生，二十四岁便被蔡元培先生延聘到北京大学执教。

梁先生这次讲演持续两天。不是讲乡村建设理论，而是讲当时学子们最为关切的国共和谈和争取民主，反对独裁。从国民党参政会内外的斗争，民主政团同盟到民产同盟组建的演变，以及国共和谈曲折经过和破裂原因，都是梁先生的亲身经历，娓娓道来，当然引人入胜。我在日记本上做了详细的记录，这个黑皮日记本上，还记录了晏先生讲的平民教育运动史，两贤并存，足以传家，足以永世。日记本随我从四川流徙到湖南，保存二十年，毁于一九六六年“文革”初兴之际，实在是一大遗憾。

“一六”大游行

一九四六年，我在重庆乡建学院读书时，重庆的民主运动很热闹了，学院里的教务处长等人都是地下党，还成立了一个地下党支部，支部书记叫吕坪，原名吕应生，后来担任了广东省文联的党组书记。他不出面，我就成了他们背后支持的公开出面活动的人。

我当时还没入党，在乡建学院读书也没上过多少课，国民党叫我们“职业学生”，主要就是搞学生运动。我和当时负责学生运动的长江局青委有联系。共产党的《新华日报》办事点在重庆七星港，我也经常去找他们。后来国共矛盾公开化，我和《新华日报》也只能通过报纸上的小广告联系。一九四六年北平“沈崇案”发生后，学校已经放寒假了，有一天我看到《新华日报》上一则小广告：“甄兄，速来一谈。”这是我跟重庆地下党联系的暗号。我马上赶到七星港，找到一直跟我有联系的两名地下党员。他们叫我赶快回学校，后天重庆举行学生大游行，地下党已经派人到学校去了。我赶紧返回学校，一进校门就有人喊：“大家正在等你。”我们五六个学生提前走小路去重庆跟主席团联系上了，其他几百名学生，连夜走了七十多里山路，一早赶到重庆参加大游行。晏先生很开明，学生出发的时候他亲自到场到操场里送学生，游行完之后下了大雨，学生回去后他一个一个宿舍去看望学生。

那次重庆“一六”大游行，有两万多大中学校学生参加，主力军是重庆大学，还有中央大学、西南女子师范学院，还有几个大专，再加上中学生。九点多钟，先在重庆大学集合，重庆大学离城里还有二十里路，一路走过去，都是青年人，热情高得不得了，游完已经是下午两三点多钟了，中午也没吃饭，都不知道饿，很多老百姓夹道欢迎。这个也是重庆共产党组织的，没多远就有水给学生喝。

本来乡建学院在重庆大学里规模最小，没有名气，而且从乡建学院到重庆走近路都要走六十里山路，但乡建学院几百名师生居然连夜赶到重庆参加大游行，一下子就轰动了。组织游行的主席团叫"抗议美军暴行联合会"，本来人家根本不知道有个乡建学院，这样一来，我就代表乡建学院进入了主席团。从这一天开始，我就基本上没怎么上过课了。

重庆"一六"大游行之后，有一批学生脱产在重庆继续搞抗议美军暴行活动。陶行知创办的育才学校的学生，就组织了一个文艺宣传队，以抗暴联的名义在重庆几乎天天搞文艺宣传，今天在这里，明天在那里。我们这些主席团成员就带着这群小孩子到处跑，当局很头痛，因为一搞宣传就有很多人围观。国民党就开始打击文艺宣传队了。第一次打人是二月五号，这一天正好我没去，宣传队的学生被打了，伤得还很不轻，送去了医院。这个时候大家就有不同意见，要不要继续搞？长江局青委的意见也不一致，最后决定还是搞。

二月八日这一天，文艺宣传队又上街了。这一次我差点被打。我和宣传队一块上街，经过医院时，我们几个头头决定，先到医院去慰问学生，看完之后刚出医院，就看到好多人往后跑，有人一边跑一边大声喊"又打了，又打了"，我转身就跑到《新华日报》去通报消息，他们赶快把门关上，给我换了一套衣服，戴上礼帽，要我赶快带几个人到重庆西南军政长官公署去控拆。当时我们几个人天不怕地不怕，跑到公署去大喊大叫闹腾去了。一月六日那天游行时我们也去了公署，当时一位秘书长出来接见学生，还是很客气。不过那天我们跑到公署去时那里已经下班了，找不到人。

就为这两个事情，抗暴联仿佛成了永久的机构一样。我们十几个人，一天到晚都有《新华日报》《大公报》等重庆几家大报的记者跟着我们，天天发消息，特别是《新华日报》，几乎每天都是头版头条报道，其实就是我们这十几个人搞来搞去，搞得很热闹。一直到三月间，国民党与共产党公开闹翻了，不准共产党代表团留在重庆，驱逐共产党代表团，还查封了《新华日报》，这下我们就傻眼了，只好作鸟兽散，回学校去了。

回到学校后，我在学校过了两三个月的平静生活。重庆地下党一个姓罗的人到学校来找过我两次，他后来牺牲在渣滓洞。其实这时候事情还没完，国民党重庆警备司令部正式下令解散重庆学生抗暴联合会，但“抗暴联”没有解散，改名为重庆学生联合会。我有时候还去去，但人少了，新华日报社也关了，真正靠地下党活动。

“六一”大抓捕

一九四七年六月一日，重庆市开始大抓捕，一共抓了两三千人，以学生为主，包括新闻界。乡建学院抓了三十多人，老师十多个，学生二十多个。头一天晚上，就有一些反常现象。以前进步学生开会时，总有国民党的学生来捣乱。那天我们又开一个会，但他们没有来，我们还觉得很奇怪，实际上，那时候他们已经知道了第二天的行动。

那天天刚亮，国民党的士兵荷枪实弹包围了学校，他们手里已经有了抓捕名单，先把所有学生全部集合起来，一个个点名，点一个站出来。我一听到外边的声响就知道是什么事情，因为早有心理准备，根本不紧张，不害怕。已经是初夏了，我出门时还特别带上一件厚夹克，作长期打算。学生点了二十几个，已经要走了，我就说了一句："同学们，你们好好上课。"算是打个招呼的意思。突然跑出来一个同学大喊："我们不上课！"特务说："你怎么回事，你也想跟着走啊？"这个同学姓田，小青年也不怕："走就走。"他自己跑过来。跟着我们一起走了。到汽车上一看，有十来个老师，都戴着手铐，但没给学生戴。

车到重庆，停在川东师范。这个学校比较大，大约能容有一两千人，一个个就睡在房间的地上。排着队进去，两边都是拿着枪对着学生的士兵，机关枪子弹上了膛。我们学校的教师社会影响大，关了两天就放回去了。我们在师范关了一个礼拜，形式上的审问搞了一下，考试一样，摆两张桌子问道："叫什么名字？你崇拜什么人？"有人答关公、岳飞。我说，我崇拜我们院长。每到放风的时候，学生们唱歌啊，扭秧歌啊，热闹不得了。我上厕所，也有一个兵拿着枪跟着我。有一次他对我说："唉，没有办法呢，实在不好意思这样对你们。"

当时房间里每人发了一床毛毯，睡觉时就把毛毯铺在地上。有天晚上十二点了，外面喊："都起来，都起来，带上毛毯，上卡车！"也不告诉你做什么，好多部卡车往城外开。这怎么回事？走了大约半个小时后下车，排队，走一条小路，没好久就上山了。我一点不紧张，心里想，啊，这是怎么回事？就枪毙啊？不久就走进了一个院子，好大的院子。唉呀，原来是新华日报的印刷工厂。过去我们常去，新华日报的总编辑部也在这里。他们还真会想办法，把我们关到新华日报来了。在这里不像在师范，人少了些，都睡地下，一间小房子，也没有人看守，只要你不出去，在房子里没有人管你。吃得也不错。我们这个房子有人要喝酒，看守还给你买酒喝。

第三天，重庆警备司令部一个杨处长领着几个人，到每个房子来看，说："委屈了，委屈了，你们哪一位想回延安，报个名字，我们一起用飞机送你们回去。"

我在新华日报关了大约一个礼拜。有一天，突然把我和几个人单独叫出来，装到汽车上往城里开。我在车上看到《中央日报》，报上就写匪谍某某自认不讳，其中就有我的名字，说是窃取什么情报。车子进城后，到了一个广播大楼，大厅很大，能容两三百人。我们四个同学在这里睡了一晚。第二天，我们这几个同学坐上了大约是乡建学院的汽车，由席朝杰院长带着我们到警备司令部去，又是那个杨处长，等于办释放手续，要我们签字。我们没有一个人说话，学校的院长就签字，把我们带出来了。车子没敢在重庆再停，老师带着我们直接开回学校去了，说你们都不要离开学校，怕再被抓。

当时已经是暑假了，我哪里也没去，有二十多天一直待在学校，就睡在宿舍，这也是学校为了保护我们采取的措施。不久，学校就通知我，要保留学籍，留校察看一年。席朝杰告诉我，警备司令部通知，我必须离开四川，如果留在四川，随时就要再抓我。当时这个司令部司令叫孙元良，就是台湾电影明星秦汉的父亲。

这样，我就不得不离开四川。父亲有一个拜把兄弟，在当时的湖南省政府当秘书科长。还有一个人是李东阳，他是地下党，去世时是长沙雅礼中学的校长，当时在乡建学院当职员，我也找了他，他给我介绍了湖南的关系。九月份我离开重庆到了长沙。

一九七八年夏天，我离开重庆十几年后，第一次回到重庆去看看。除了见乡建学校的老同学，我还特别去了歌乐山、渣滓洞。山上那个坟啊，我从来没有见过那么大的坟墓，都是牺牲在渣滓洞的烈士。一看到那个坟，我心痛欲裂，号啕大哭，地下躺着的很多是我同生死共患难的朋友啊！比如当年和我联系的两名地下党员，一个叫黎力，中等个子。一个我不知道他的真名，大家都叫他“老马”，他们都牺牲在渣滓洞了。还有乡建学院的两位同学杨翱、陈诗伯。杨翱就是小说《红岩》里胡浩的人物原型。陈诗伯是湖南祁阳人，在学校时很活跃。杨翱比较沉静一点。他们两个人是和我们一起被捕的，经当时的席朝杰先生多方营救，被捕的师生绝大多数出狱，只有杨翱、陈诗伯两个人最后被关进了渣滓洞。国民党败退的时候，一把火烧掉了渣滓洞，他们这些人都被烧得一塌糊涂，根本分不清谁是谁，都葬在一个大墓里，真是惊心动魄。

与老伴一见钟情

我的老伴姓廖，本名叫廖耀君，是四川内江人。祖父一代是广东高要县人，后来带着她父亲到了四川。祖父这一代很富有，但他去世后，管家的几个人欺负她父亲这一代人，把家底都掏空了。所以到她出生时家里就很穷了。她过去填自己的家庭成分，都填城市贫民。

我从来没有到过她家，她也不叫我去见我的岳父岳母。年轻的时候也没想过去，后来到了二十世纪八十年代，我们去四川时经过内江，她下车回家，也没叫我去，说回家也没地方住，她回去还要和她嫂子睡一个铺。所以她家到了八十年代还很穷。

她妈妈生了几个孩子，她是最小的。她有位大姐姐，结婚几个月老公就去世了，大哥三年困难时期也去世了，包括一个襁褓中的幼子，也夭折了。全家就只有我老伴读过书，读到初中。家里要她初中毕业就嫁人。当时共产党办的《新华日报》到处可以订的，她就经常看《新华日报》，上面有一个定期的副刊叫《妇女之路》，她经常看上面的文章，从中接受了一些新思想。她姐姐也不同意这个妹妹这么早就结婚，她也有一些同学在重庆，就在姐姐的帮助下跑到了重庆。她姐姐自己开了一个小旅馆，攒了一点钱，就给了她一些钱，还给她一条金项链。

她跑到重庆她同学家里，住了一段时间。她同学里面有人与读书生活出版社有来往，刚好出版社也需要店员，她就这样到了读书生活出版社，改名叫余潜，大约是取“鸟潜于天，鱼潜于水”之意。这个读书生活出版社，就是后来三联书店的一部分，还包括邹韬奋的生活书店、李公朴的读书生活出版社等，这三家出版社本来各自独立经营，抗战胜利后受到国民党的压迫，就到香港合并成立了三联书店。

她当时比较小，又单纯，就这样糊里糊涂到了出版社，在柜台上收收钱之类的。三联书店那种气氛现在已经很少看到了，真正叫革命大家庭。店员都住在苏家巷，大约几十号人，都是年轻人。她到这里就不一样了，接触到的都是“左派”，还有机会经常参加这些“左派”的活动，包括周恩来、邓颖超他们都认识，他们经常去《新华日报》参加活动，李鹏的妈妈跟他们都很熟，包括苏联通讯社的一个记者，中国人喊他“老铁”。她是比较小的店员，大家都把她当成小妹妹，都喊她小廖。

到抗战快胜利时，我接到电报去解放区，重庆也组织年轻的知识分子去解放区，她也接到了通知，但她因为生病回家养病，没有去成。重庆三联书店的主力也到了香港，等她病好了到重庆一找，人都走了，幸好还是留下了一些小进步书店。她就到另外一个书店去当店员了。

前面说过，我是去找朱静英时遇到她的，可以说得上是一见钟情。我当时是在重庆的中正中学教书，后来我去了乡建学院，她到一个中学去教书，她这个学校离我们乡建学院很近，后来她失业，住到一个同学家里，也住到了中正学校。我们很自然地好上了，没有什么表白，两个人就非常好了，彼此心有灵犀。一见钟情是没道理可讲的。谈恋爱的时候我也没给她写过诗，后来才写的。

她在中学教了半年书，初中毕业教中学，还是有些吃力的。到了一九四六年下半年，我父亲回济南了，母亲暂时留在了四川，靠我父亲的一些朋友帮忙，我母亲住在北碚金刚碑，一座小山上，单独在一个苹果园里的一小栋房子。我老伴也没有教书了。当时我们也全都是“五四”以后那一种恋爱结婚的思想，没有办结婚证这样的观念。她就跟我妈妈住在一起。我周末就回家，有时候我一些同学也跟着我回家，睡地铺，满满一房子。

我被捕出狱后，我父亲的朋友都叫我办一个结婚仪式，表示已经成家了，不会出去闹事了，这也有点“政治保护”的意味。这些朋友们给我们钱，席朝杰先生还专门带我去梁漱溟家，请他作我的证婚人。他先给梁夫人说了，梁夫人也给梁先生说了，然后席先生带我去，算是正式地请他当证婚人。我记得他们住在一座小山上，层层石阶一尘不染，有一个小院子傍山而筑，竹树掩映，三间小房子，条件不是太好。我多次听过梁先生讲课，但没有直接和他打过交道。当时具体的情景不太记得了，梁先生从内室掀帘而出，很平静温和，我印象最深的是梁夫人特别跟梁先生说，这是晏阳初先生很喜欢的学生。梁先生微笑着答应了。

我记得我们是在一九四七年夏天办的婚礼，还是蛮热闹的，搞了一块很大的红绸给到会的人签名。当时来了一些社会名流，记得有个王军长，有个陈师长，都到了场，梁夫人还到场致辞，说今天梁先生没有来，她代表梁先生给我们证婚。当天几十个同学和我们两个人都没回家，去了重庆北温泉公园，晚上大家都住在一栋竹楼里边，全部是用竹子装修的，现在还在。前年有个在北碚西南大学教书的画家李勇，还给我画了一幅画，就是画的这栋竹楼。

我一九四七年被捕期间，我妈妈和她都急得不得了，当时她已经怀孕了，我妈妈是个小脚女人，带着大肚子的儿媳妇，从北碚到重庆四处找人。她们其实也没有什么关系，只要听说有一点线索，两个人就找上门去，见了人就磕头，想把我保出来。这些事情现在想起来都很心痛。

我最后还是学校出面保出来的。席朝杰先生是个社会活动家，是黑白通吃的人物，帮会里都有关系，也是乡建学院在社会上活动的代表人物，出面活动，保学生，除了院长以外就是他。晏阳初当时在美国。我出来之后不敢回家，要住在学校保险一些，余潜曾经去学校看我，我的同学劝她不要来。后来重庆当局要把我驱逐出境时，我才回北碚去见了她们，在家里只住了一个晚上就走了。

一九四七年七月，我离开四川赴长沙的时候，我的大孩子还没有出生。九月份大孩子出生，我也没有回去，没有在她身边。当时我父亲的一些朋友安排她到一个小学校教书。我妈妈和她一起带着孩子在四川。我一个人在长沙，当时中学的教师待遇还好，我在高仓中学时几乎每一个月都提着一包光洋到长沙来交党费。除了我自己的零用，寄给四川的家人，另外的全都交了党费。那个时候没有限制，不交党费也可以，多交也可以。后来我到长沙专职搞地下党，规定一天只能用一毛光洋，只够吃个饼子，她还省下钱，给我寄衣服、寄钱过来。

一九五三年，朱健和夫人及母亲、孩子在长沙

一九四九年重庆解放后，三联书店恢复了，找到了她。我想要她到长沙来，但来不了，要通过北京才能调动，因为三联书店归北京管。一直到一九五〇年十月间，我给北京三联书店管理处写了一封信，才把她调到长沙三联。当时就在水风井那里，原来有一个古旧书店，就是新中国刚成立时的三联书店，还是毛泽东的文化书社旧址。我的大孩子小的时候非常像我，有一些地下党的朋友，不知道我老婆、儿子来了，看到我就说，你是不是有个儿子？我说怎么了？他们说在三联书店看到一个小孩子好像你。

动荡长沙

入党

一九四七年七月份，我离开四川，到了长沙。

我先坐飞机到了武汉。那是我第一次坐飞机。当时还没有正式的民用航空线，都是空军搭客人，出了好几次事，据说是因为带的黄金太重了，没有人敢坐，所以飞机票便宜，比坐船便宜。穷学生没什么钱，我就坐飞机先到武汉。其实我在武汉也可以留下，绿原他们都在武汉。但还是要找一个吃饭的地方。我到长沙还是找的地下党的关系，当时湖南演剧六队，文化活动的影响很大，他们穿的国民党的制服，是长沙地下党的一支重要力量。

我们那时都是走江湖，到了长沙找人，根本不认识，说句某某人叫我来找你，就行了，吃住就都管了。

我去了长沙北门外油铺街一个私立的中学，叫正道中学，在那里待了半年，做训育员，每天早上起来带学生上早操，唱歌，也教一点历史、地理等杂七杂八的课。

那所学校完全是一个以挣钱为目的的学校。校长是湘潭人，大学毕业后在学校教英语，但不知怎么被原来的学校驱逐出来，就自己办了所学校，破破烂烂的，只有初中部一座危楼。在这里我认识了一个有故事的人，叫朱乾。我们住一间房子，房子很小，刚好放得下两张床，中间一张条桌。我刚去学校碰到他时，听他说话觉得很奇怪，就问他是哪里人，他说他是朝鲜人，家里是大地主，在日本读书时被征兵到中国打仗，随后到了长沙。日本兵看不起朝鲜兵虐待他们，不把他们当人，他受不了，就偷了一匹马，骑着马没有目的地朝长沙西北方向跑，当地一个地主家收留了他，让他在家里当家庭老师。没过多久，日本投降了，他也就回到长沙，原来的部队要处罚他，要他回日本，他不回去，就留在长沙教书了。

我们两个谈得很投机，当时湖南大学生举行反内战的游行，他很激动，说湖南学生了不得。半年后，他被介绍到另一所中学教书，一九四八年上半年，我也到了高仓中学教书，但一直保持联系。新中国成立后，他还参加了反恶霸的土改活动，参加了土改培训班。当时湖南有个秘密机构在物色去日本做特别工作的人员，我们就推介了这个人，他后来就去日本了。当时他到天津时还给我写了一封信，后来就没有联系了。

我是一九四八年一月在长沙入的党。介绍我入党的，是后来在湖南省委机关党委副书记任上离休的赵光白。他先后当过周里和王首道的秘书。当年在重庆的学生运动中，他正在教中学，很活跃，我们在一次聚会上认识。到了长沙后，我去过当时的进步报纸《新潮日报》，有一天我白天在《新潮日报》碰到赵光白，晚上去正道中学又碰到他。他就介绍我入党。

有意思的是，入党谈话，就是在一位“红色资本家”的家中。这个人叫张铭西，做外贸生意的，是长沙有名的富商。张铭西有三个儿子、一个女儿，全都参加了共产党，他家里就是湖南省工委的活动场所。省工委还在这里办过一个学习班。我记得是在一个院子，长沙麻园湾十号。他家的保姆、厨子都有保密意识，有人敲门，他们一定要问清楚找谁才放你进去的。就是在他家，赵光白口头通知我，经过组织上批准，你就是共产党员了。当时共产党不得了啊，一个党支部书记都叫人崇拜得不得了。从张铭西家出来，我激动得心里老是在念着“我是共产党员了，我是共产党员了”，一路都很兴奋。

当时，我还住在我父亲的那位拜把兄弟家，他叫华景方。他是个真正的中统特务，但是他把我当成把兄弟的儿子，很好地保护起来，他知道我在重庆参加过学生运动，坐过牢，但他从来不跟我谈政治。我管他和他夫人叫叔叔、婶婶，我的吃住他都管。解放前两三个月，他到四川去了，后来被枪毙了，留下他的妻子和女儿。他的女儿后来到台湾，嫁给了台湾海军的一名高级军官。

一九四八年一月，我到了长沙高仓中学。中学办在彭家祠堂，很大，祠堂前祭礼的广场，能容纳六百多名学生，离长沙六七十里地，离湘阴任弼时的家乡很近。我教高中历史、初中地理。另外一个同事叫廖晨光，是印尼的归国华侨，他接到了高仓中学的招聘书，要他来教历史地理，他一个人教不了，就叫上我一起来，一年一百二十担谷子的薪酬，我们一人一半。

这个学校比较闭塞，老师连报纸都不看，整个学校就只有一张那时的《湖南日报》。我们去了后，慢慢地从开展文娱活动开始，组织歌唱队啊、文艺晚会啊，假期里组织考生服务队，开学了组织新生服务队等，慢慢地学校活跃起来，我们还在广场上演花鼓戏《王大娘补缸》。学校里也有国民党，那时候共产党胜利在望，他们也不敢怎么样。但彭庆军校长找到我们两个人，说他年轻时和毛泽东也很熟悉的，但是不好意思，下个学期学校没有办法再聘用我们了。

不久，我们两个又通过地下党的关系，到了三峰中学。这里已经有一个地下党员，叫王之宪，教音乐，新中国成立后当过湖南省文联秘书长，四十多岁就去世了。这里气氛就比较好些。我们在这里发展了两个党员，一个老师，一个女学生，这个学生后来当过省妇联主任，叫曹瑞武。

迎接和平解放

到一九四九年五月初，我被长沙地下党从学校调到了城里搞学生运动，担任河东学运区区委委员，我们还在长郡中学组织了六七个学生，成立新民主主义学习小组。

这时候程潜已经开始和中共中央秘密接触，六月份还托人带《备忘录》给毛泽东，表明“谋致湖南局部和平”的愿望，所以长沙实际上已经成了“准解放区”，地下党差不多是半公开的了，国民党的党政军警宪特也有许多人被策反了。我记得有人公开说，你们遇到什么特别难办的事情，直接打电话找警察局长刘人爵，他已经被策反了。但和平解放没几天，刘人爵就被暗杀了。印象中，当时还有国防部保密局中将特务张严佛、邵阳保安司令部司令兼行署专员魏镇等人都被策反过来了。湖南和平解放，已是指日可待的事。

八月四日，长沙各大报纸发表了程潜、陈明仁领衔的三十七名国民党将领联名起义通电。这之前，长沙地下党已领导成立了长沙市各界迎接解放联合会，简称“迎解联”，由刘晴波负责，统筹领导全市的迎解工作。事前已得知解放军将于八月五日入城。由于前几天国民党的飞机天天来扔炸弹，搞得人心惶惶，老百姓天天早上往城外去躲炸弹，天快黑才回来。我们都很着急，因为如果解放军进城，很多老百姓没回城的话，进城的场面岂不是会不太好看。

八月五日那天，“迎解联”的临时电台从上午九点开始，滚动播送解放军的消息，事前也做了很多组织动员工作。下午五点左右，长沙两百三十个单位的五万多人，汇聚在协操坪（现东风体育场），整队之后，“迎解联”主席团为先导，浩浩荡荡地向东屯渡前进，迎接解放军入城。我和当时长沙长郡中学的朱韵华两个人，晚上赶到小吴门迎接解放军进城。到那里一看，真是人山人海。晚上七八点钟的样子，解放军进城了。我当时激动得跑上去，抱着一个解放军小战士就亲吻他。我们一直跟着队伍走，走到黄泥街那里，从巷子里突然冲出一个人来抱着我就亲。这个人叫李龙牧，后来当过湖南大学新闻系主任。地下党曾经派他去邵阳搞武装斗争，没有路费，我听说后，一下子给了十块光洋给他。他那天看到我走在队伍里，以为我是跟解放军一起进城的，很激动，抱着我就亲。当时那种兴奋激动的心情呀，真是无以言表。

一九四九年八月，湖南和平解放，解放军进入长沙城（资料图）

“三反五反”打老虎

湖南和平解放后一个月，我就调到市委办公室了。当时长沙市委宣传部有个副部长叫曾直，是四川人，也是大学生，他一定要把我调去宣传部。当时要办一个党刊，他就抢先把我调过去办党刊，我一个人办，叫《工作通讯》，每个月出一期，办了两年时间。后来曾直调到长沙县委当书记，我也不办刊物了，但还是在宣传部工作。当时成立了一个工人教育科，我是负责人，和市工会合办工人夜校，我曾经主编过工人教育读本，一个礼拜上一次课，几千人的大礼堂我讲课。一九七几年的时候，师大的一个老师碰到我，说他还记得我讲课时说的话，比如“我们祖国的大地，当东方太阳升起来的时候”云云，很有诗意。

一九五一年年底，就开始“三反五反”运动了。刚开始时叫“三反”，针对共产党进城后开始腐化的现象，在机关中开展“反贪污、反浪费、反官僚主义”运动。当时最著名的是天津地委书记张子善、石家庄市委副书记刘青山被枪毙。

不久，运动的矛头就转到私营工商业者了，“反行贿、反偷税漏税、反盗骗国家财产、反偷工减料、反盗窃国家经济情报”，合称为“三反五反”。我也被派到两个工厂搞运动。我主要是在锑瓶工厂。当年长沙没什么工业，号称有八大工厂，其实真正大的是裕湘纱厂，有上千人，其他的没什么。但锑瓶工厂资格很老，毛泽东办夜校时这个地方叫黑铁炼厂，里面有一个机器车间，有一部车床，当时有两百多人。这就是大工厂了。

锑瓶工厂和平解放时是军代表接收。我去的时候，厂长是南下的一个东北的工人，叫戚其信。当时这里的运动老是搞不起来，因为原来国民党统治时期这里的厂长，姓李，他是个内行，也是个清官，新中国成立后他还继续留在这里当厂长，戚其信和他的关系很好。当时“三反五反”就是特别要反这些留下来的人，但因为这个李厂长为人清廉，这里老是反不起来。当时的市委书记是曾直，我几次向他要求到工厂去参加“三反五反”，他都不要我去，后来他就要我去这个锑瓶工厂。我到那里一了解，这个李厂长真的是清官。我回来跟他说：“这个人真的是清官，不要搞成冤案咧。”他把桌子一拍：“什么？共产党会搞冤案?”我没办法，那就只好回去搞吧。总工程师等七八个干部都隔离审查、谈话，工人积极分子日夜守着，隔离审查。啊呀，真是乱搞，没有一点证据。厂里开大会，号召工人：“你们检举啊，看谁是贪污分子?”大家左看右看，一看周围有干部，用手一指：“他是。”这里大喊：“抓上来。”有一天，连总工程师刘景冒都被弄上台了，他上来后，我一看，那谁来管生产？我说：“你下去，下去。”

当时这个运动又叫“三反五反打老虎”，案值超过一亿旧币，就算是“老虎”。运动中打人也很普遍。我记得当时供销合作社有个叫熊秉文的，他坚决不承认，工作组就叫工人去打他，打一个耳光给一块钱。这个出了名。很多“老虎”就是这么打出来的。但那时还没有出现后来“文革”那样的大混乱。

当时我是“三反”工作组长，我一直坚持绝对不打人，我觉得太野蛮了，公开的政策也是不准动手打人。只有一次出现一点意外。有一天晚上，我们逼那个姓李的厂长承认贪污，他坚决不承认。戚其信也坐在那里，他知道姓李的厂长是清白的，他心里有数。我们一会儿看看那个姓李的厂长，一会儿又看看他。那时工作队有个姓王的，后来到了公安局，没想到他上去就“啪啪”打了姓李的两耳光，我根本来不及制止。这是工作组唯一的一次打人。

运动搞了两三个月，搞不出一个所以然。后来李先念发话，不要搞冤案，回家算了。这几只“老虎”也放回去了。锑瓶厂没有死人，烟厂就有人自杀了。我也是名义上的工作组长，但我不太去，烟厂女工多，工人文工团在烟厂搞。所以具体情形我就不太清楚了。

现在想起来，当年我二十六七岁，没搞过运动，也不知道怎么回事，还有一种好玩的心态。我就掌握了一条，不打人，也没有把这个运动当成一件严肃的，会影响别人命运的事。我对戚其信是有愧疚之心的。当时我回去跟曾直说，李厂长不承认，戚其信在保他。曾直就说，叫戚其信到市委来。戚其信就住到市委，也不说他是什么问题，也不叫他交代什么问题，天天有人守着他，也没有人跟他谈话，就是不准他回家、回工厂，日夜开着电灯守着他。他后来得了精神病，也不是很严重。“三反五反”结束后，他回去当厂长去了。后来我们还经常见面。

当时也有一个有意思的现象，搞运动时相互伤害很厉害，结果搞完后谁都不怨谁，好像唱戏的唱完了一样。戚其信他对我没有一点意见，市里开大会我们还常碰到一块。到后来我到了正圆动力配件厂，当时正圆还有小车，路上碰到他，我就招呼他上车，他也很乐意。

知识分子党员开始靠边站

五十年代初期在长沙，我的处境算比较好，知识分子得到重用。当时的南下干部很多没在城市待过，连自行车都没见过，电话也不会打，进了城两眼一抹黑，更不要说管理城市了。长沙市委就大批从湖南大学调人，从地下党组织调人。所以长沙刚解放的时候，长沙吸收了很多知识分子，特别是湖南大学的地下党员到市委机关工作。

慢慢地，工作局面打开了，这些知识分子党员就靠边了。当时掌握实权的干部多半是南下的，他们认为这些地下党人员复杂，家庭出身复杂，思想复杂，不太听话，内心里并不太信任。曾经有一个南下的市委书记，在大会上公开说，拿着个小旗，在街头上转一转，喊几句口号，这也算参加革命？其实，搞地下工作，也是很危险的，说不定哪天就被捕杀头。当然，一些知识分子出身的地下党员，对一些南下干部的“大老粗”作派看不顺眼，这种情况也是有的。

“三反五反”运动时，我们这些地下党都还无所谓。一九五三年年底，中央作出审查干部的决定，简称“审干”，要求对全国干部进行一次审查。湖南大概是从一九五四年上半年开始的，一直搞到一九五六年。中间夹着个“内部肃反”，矛盾就对着我们这些人，对地下党审查得很厉害。其实，地下党发展的特点是亲串亲、友串友，不了解的人不敢发展。我搞地下工作时，没有遇到过，也没有听说过打进来的特务。另外，地下党在国统区做地下工作，免不了要利用各种社会关系，要和各方面的人物打交道，包括国民党的党军政人员和社会贤达，不然，不要说开展工作，连生存都难。“审干”中，这些人和事，要一点一滴说清楚，还真会有些说不清，所以搞出些冤案错案。直到胡耀邦同志大量平反冤假错案，湖南的地下党才翻身，有的知识分子出身的地下党员还当上了省委书记、省长。以致有人到中央告状，说湖南执行的是一条重用“地、大、冤”的组织路线。所谓“地、大、冤”，是指地下党员、解放前的大学生和冤假错案受害者。不过那时候，我对官场上“你搞过来，我搞过去”这类事，已经反感至极，根本不沾边了。

我搞完“三反五反”后回到市委，一九五三年年初，调到市委办公室当秘书科长。当时市委的科长，相当于市政府的副局长或局长。科长都是省委任命。市委办公室一直没有办公室主任，秘书科、机要科，包括市委行政科，实际上都是我管，权力很大。我当时才二十八岁。我后来听说省委已经拟好了我当办公室主任的通知但没有发，但我对职务什么的不是很在乎，我对做事情有兴趣。

一九五四年，洞庭湖发生大水灾。秋末开始，全省动员了七十万人修复洞庭湖湖堤，长沙就派了两千人，差不多都是失业人员。长沙这两千人属于华容县华容总队第九大队。我是大队长兼支部书记。我就带这两千人到洞庭湖去修堤，十一月十八日去的，第二年三月份才回来。

修堤期间正赶上大冰冻，那是一次很大的灾害，比二〇〇八年冰灾还严重。湖面都结了很厚的冰，真正是冰天雪地，数十里电线被冰凌坠折，电话电报都不通。我到华容总队去开会，回来十几里路一路摔回来的，从东到西十里路，走一趟都不容易，但那时候年轻无所谓。大水灾后，幸存的房子很少，民工都是搭草棚子，睡在草棚里不准点火，我们这个大队部还算是找到了一间房子，还可以烤一下木炭火。我们待的就是杨幺起义的地方，叫子母城。自己做饭吃，菜都是上面拨的，土豆都是从内蒙古来的，没有青菜吃，天天吃鱼，吃得我后来好多年不愿意吃鱼。

一九五五年回来后，就把我弄到长沙市教育局当综教科科长去了，去教育局之前，我利用这个空隙回了一趟山东老家。这是我离家后第一次回家。从山东回来后过了两三个月，就开始“反胡风”了，我首当其冲。

因胡风案关进公安局

其实“反胡风”之前，知识分子都很崇拜胡风，一谈起我写过诗，还在胡风主编的《希望》杂志上发过诗，还觉得蛮骄傲。大家也都说，老杨不错，还是胡风的弟子。一九五五年我三十二岁，当时根本想象不到胡风问题这么严重，根本没想到有什么事。当时《人民日报》上一批一批公布胡风的信件时，我还天天看，在办公室我还拿着报纸说，看有没有我的信，还觉得好玩。后来越反越热闹，先是教育局开小会批判我，后来升级成几百人的大会，还把我搞回市委机关批判。

其实一开始并不紧张。我原来住的房子还没有人住，我一个人住在原来的房子里，每天就是开会啊，交代啊，但对我也批不出一个所以然，因为一九四八年以后我就专心专意搞革命去了，离开了文学创作，和胡风没有过任何联系。据说当时“反胡风”，有一条内部掌握的政策，不查新中国成立前的关系，只查新中国成立后的。新中国成立后哪怕是我给胡风写过一张纸条，或者去过一次北京找他，都会被打成胡风分子，不得了。

全国的“反胡风”运动后来转入“内部肃反”，公安局就出面了，也没有什么文件手续，就把我从家里带走了。

其实公安局的人心中有数，局长和我也是很好的关系，但是市委要这么搞没办法。公安局的人对我还是很客气。一开始让我住在公安局外面，大约是现在中山路和蔡锷路拐弯的一个地方，派两个人守着我，从局里打饭给我吃。不久，又换到公安局南面的一个家属宿舍的房子，还是两个人看着我。这个房子比较大，对面也是一家人，我和他们并不熟，但对门那个女主人每次做了好吃的都给我送过来。

住在里面还算舒服，那两个人天天给我挑热水来洗澡，给我打饭，对我很客气。我记得在里面过了中秋节，那天我还让他们给我买月饼、杂志。大概在这里住了一个月的样子，就搬到公安局里面去了。单独在一间小房子里，从一间大房子里隔出来的。大房子里睡的都是公安局里审查的人。看守我的人呢，也还是一样，天天给我打饭，挑热水洗澡。

公安局把我带走以后，一开始还要我写材料，交代和胡风的关系。其实我也没有什么材料写，都写过了，后来就不用写了。“反胡风”，公安局都知道反不到我头上，就搞历史问题，其实我也早就说清楚了，但刚一开始还是很厉害的。因为我父亲当过国民党军官，我到长沙时，还住在中统特务华景芳家里，审查审查，也还不算师出无名。后来，竟冒出一个我过去的同学，小名叫“庞五”的，检举我和当时的长沙市委秘书处长刘晴波都是中统特务。那可真是让我一头雾水。

刘晴波和我是初中同学，山东菏泽的同学，他曾是华南分局长沙特支的书记，他到长沙来，还是我给他找的落脚点。新中国成立后，他当过长沙团市委书记，后来当市委秘书处长。市委书记认为我和晴波都是潜伏的特务。工作组在重庆找到我们一个在山东时的初中同学，叫庞舒秦，我们喊他庞五，他父亲曾当过国民党山东省党部的书记长，庞五的确是中统特务。也许是被逼急了吧，他说我和刘晴波都参加了中统。恰好一九五五年我回了一趟山东，顺便看了一个老同学叫曹代华，他是中央大学毕业的，抗战后他到台湾工作了一段时间，后来又回来了，当时在山东泰安中学教书。庞五说，我回老家是去和曹接特务关系的。这下就热闹了，全市干部大会上宣布，破了一个大案，市委秘书长、秘书科长都是特务。我和刘晴波给关起来了，我老伴也关起来了。

公安局的人知道这是瞎扯。最后为了定案，专门把庞五从重庆用飞机送到长沙，那个市委书记亲自提审，庞五一看这阵势，知道事情严重了，他就翻供了，说他过去说的都是假的，我和刘晴波没有参加过特务组织。

囚室恢复写诗

我在公安局住了大约十个月，公安局长找我谈话都很客气，每次就叫我抽烟，坐那儿慢慢聊，但也不放我回家。我就要他们回去把我的书都搬来，第一版的《鲁迅全集》，红皮精装本，二十本，都堆到房子里。每个月我都要买《文艺报》《人民文学》，都看了，我每天看书，还可以在大房子里面走一圈，自己哼京戏，并开始重新写诗，过了一段逍遥日子。局长叫我签反革命逮捕证，我说，签可以呢，我怎么出去？

《资本论》我也是在这时候读的，读起来很有兴趣。虽然是纯学术的经济学著作，但你可以感受到马克思的那种激情，后来看到胡绳说《资本论》像诗一样，我很有感触。他们是全身心投进去了，真正的学者都是激情的。杨树达搞训诂、文字，这些是很枯燥的，但他的东西我很感兴趣，为了弄懂一个字，他日日夜夜思考，终于想出来了，好高兴，他是一个真正有诗意的学者。看一个人是不是真学者，要看他是不是真的把全身心投入进去，把整个的生命投进去了。

不过当时我的心态一直比较平静，从来没有紧张过。我在里面写了几首诗，《烈士公园》《故乡》《密西西比河》，都是在囚室写的，可见当时心境也很平稳的。从公安局出来后，《诗刊》创刊，我就把这些诗都寄过去，马上就发了。当时《诗刊》主编名义上是臧克家，主持具体事务的是徐迟。他不知道作者是什么人，以为是青年人，他直接给我回信，我也给他回信，说向他打听一个人，叫王亚平，我和他很熟，不知在什么地方？徐迟去问王亚平，王亚平就告诉了他。徐迟马上给我回信，就说："哎呀，我连你都不知道。"这样我在那里连续发了好几首诗，都是在公安局的"囚室"里写的。徐迟他们敢发我的诗作，但下面就有人写纸条，说我的关于诗的评论，都是胡风的言论。徐迟把小纸条寄给我，也没有说什么，我就没有给《诗刊》寄诗了，以免影响他人。但当时我在《诗刊》一发诗，影响就大了，到处都可以发诗。天津《新港》发我一首长诗，两百多行。

关进公安局，竟成了我写诗的一个小高潮，但应当说最好的诗还是年轻时候的诗。诗的特点就是自然的流露，就是从心里流出来的。我曾经说过，诗是生命的自然流动，真正的诗就是这个样子。写诗是少年人、青年人的事情。名气再大的诗人也是如此，可能技术上更成熟，语言更见功力，包括我八十年代写的诗看来更成熟些，但更像一个老年人学着孩子微笑，心态没那么自由。

一九五六年六月，放我出来了，也没有下什么结论。我拿着一点行李走出屋子，才发现因为长期没活动，体力不行，连走路都走不动了，那时候我才三十多岁。我老伴也因为我，被关了大约半年时间。这就留下了后患。当时我们最小的儿子刚生下来两个多月，为对我老伴施压，不准她看小儿子，完全由保姆带着，不管他。结果导致营养不良，缺钙，他的腿有点罗圈。后来附近有一个日本人开的诊所，有时候我带着小儿子出来玩，我就问那个日本医生："你看看他的腿有点弯，长大后是不是会直一点？"他摇摇头。小儿子是我家长得最漂亮的孩子，但直到成年以后，夏天还是天天穿长裤，真是悲剧。我的大孩子当时在育英小学读书，只能住校，没地方去，我放出来后，到学校里去接他，他不跟我走，不认识我了。他也等于在学校关了一年。他后来跟我说，那时他特别饿，饿得跑出去找东西吃。老二老三上幼儿园，也没有人管。

我曾对很多人说过，有些事情伤害别人一生，但做这个事情的人，自己并不知道，而且永远都不会知道。

一九五六年我从公安局回来后，虽然隔离反省结束了，但是没有定性，到底怎么处理也不知道。我老伴那时在妇联工作，我给她打电话，她都不敢接，我也不敢到妇联去，就住在黄兴路对面那一带。那里有市政府的宿舍，给我一间小房子。在这里别人都不敢和我打招呼，只有一位叫刘衡九的，敢和我说话。一九五〇年我在长沙市委筹办过《长沙日报》，集中了二三十个都是从学校调来的学生，试了版，后来不办了，前后只有三四个月时间，我是这个筹备组的支部书记，刘衡九好像是哪个中学的学生调过来的。

我在那里住了一个多月，这期间市委组织部科长张慧明跟我谈过几次话。我在市委机关时，我和他是隔壁邻居，天天一起喝酒。他有一次跟我说，市委开会讨论，要把我定为坏分子。我就说："老张，你认为我是坏分子吗？我们可是天天一起喝酒聊天的，我怎么是坏分子？"他当然无言以对。我越说就越激动，我说我十几岁就参加共产党的活动，我做过什么坏事？说我家里是地主什么的我还想得通。又过了一段时间，他告诉我，讨论我的问题时他在会上发了言，最后确定叫"包庇反革命”。我想反正得搞一个名义，这是可大可小的事，我也没有问他我包庇了谁。到现在我都不知道说我包庇谁。

经历“反右”运动

我的问题定性后，又过了一段时间，大约是七月底，就叫我到市手工业局去上班，算是工作了。这时候我的工资还是在教育局领。就这个期间工资涨了，原来四十几块，现在到了七十几。就这样，我到教育局去领了工资，到手工业局组织科当收发。每天就坐在那里没有一点事，干部们都和我很熟。到十一二月份，市委组织部打电话通知说，留党察看一年。当时我也没说什么，要不越弄越麻烦。不就是留党察看一年么？我相信一定会恢复。

我在这里干到第二年，毛泽东发表《关于正确处理人民内部矛盾的问题》讲话不久，组织部正式通知我，当手工业局秘书处副主任，同时还任命了一个主任，但一直没有到位，我这个副主任就算主持工作。刚宣布这个，就通知我听传达毛泽东那个讲话，听了之后就开手工业系统大会，市委的人宣布由我传达毛主席讲话。我就在手工业局，从一九五六年一直待到一九六〇年。

在手工业局这几年，我碰上了“反右”运动。后来“反右”结束后，当时跟我私交很好，长沙市委组织部一位姓张的部长有一次在街头上碰到我说：“老杨，真是没有想到，这一次你过来了。”他们认为我一定会发表“右派”的言论。事实上，我不但没有发表“右派”言论，而且当时我在手工业局具体组织“反右”，我也没有打出一个“右派”。这里面很大的原因，是五年市委机关生活经历了“三反五反”，在“反胡风”和“内部肃反”时又经历了一劫，对于一波接一波的政治运动，已经有一种游戏心理，成熟一些了。

“反右”刚开始，还没有“大鸣大放”时，手工业局有一位很能干的科长，出了一张不很大的大字报，说给党提意见，什么内容都可以，道听途说的也可以。我就在一边贴了一张纸，标题就叫“论道听途说”，意思是对党提意见一定要有依据，不能道听途说。这个人后来很感谢我的提醒。“反右”时，不但我没有提意见，别人提意见时，我也要正规渠道的。

五年市委机关工作期间，我和同事们都相处得比较好，一般情况下心直口快，很容易冲动，但待人接物上，还是比较有分寸，比较能节制自己，不愿搞到不可收拾。这里面一个最根本的原因是，我不愿意害人，一辈子不愿意害人。在手工业局“反右”的时候，从一九五七年五月份搞到十月份，手工业局的机关干部没有打一个“右派”。但是手工业局下面有一个供销经理部，就在八角亭转弯的地方，他们那里有一个营业员，这个人我也不认识，可能跟同事关系不太好，他们说他是“右派”，算是手工业局的“右派”，把他开除公职了，他爱人在手工业局幼儿园上班，全靠她的工资，带两三个小孩子，过得比较苦。“文革”结束后，有一次我在街上碰到他的爱人，想跟她说几句话，问问她爱人生活怎么样，结果她不理我，扭头就走了。当时我心里很难受，看不得别人受难，当时也没有想到“右派”会反成这样。这件事我一直到现在都还记得，还难受。

我认识的最奇怪的一个“右派”，是我一个小学的同学。他很会打篮球，后来在齐鲁大学读书，是大学篮球队校队的，新中国成立后齐大一部分并到当时海洋学院，他就到青岛大学体育教研室。他平常嘻嘻哈哈，人非常好，“反右”时他们教研室商量，每个部都要有一个“右派”，就有人找他：“老王，你来一个吧，我们就报你算了，没有一点恶意。”他也很随和：“可以，就报我吧。”哎呀，结果最后开除公职，一直到全国“右派”平反时他才平反。他平反后，学校说你愿意到哪里去玩都可以。他就全国到处转，转到四川碰到同学知道我在长沙，又到长沙找到我，告诉我这些情况。当年我们都没有想到这么严重。当时长沙“反右”也搞得激烈。有一个人本来是市委的，市委的秘书科长杨秀光，“反右”已经结束了。他偶然说了一句话：你看“反右派”，市委机关没有反出一个“右派”，搞了一个还是假的。就这一句话，把他补上去了。

留党察看期间两次当党委书记

当时我去长沙手工业局时，不是留党察看一年么？结果察看五年。但就是察看期间，我又当了两次党委书记。一次是一九五八年“大跃进”期间，京广铁路复线武昌至衡阳段开工，长沙手工业系统近三千人上工地，让我当工地党委书记，从九月份搞到第二年过了元旦。还有一次是建桥，就是长沙的东屯渡大桥。

当时的长沙还没有一座跨河公路桥，浏阳河东屯渡大桥是长沙第一座。当时从各地调来的两千多人上了工地，但两个月开不了工，都不知道怎么弄啊。长沙一位搞机械的杨副市长，也没通过任何手续，就跑到手工业局找到我说：“老杨，走。”我问：“做什么去？”他说：“你不管，跟我走。”就把我拉到车上，直接开到东屯渡大桥建设工地，宣布我是建桥指挥部的党委书记，今天就开始。然后要我回去拿行李。我说：“杨市长，我还在留党察看呢。”他一愣，说：“你不管那一套，你就代表市委在这里修桥。”

当时我记得是一九六〇年刚过了春节，二月初，水还很浅，后来就涨桃花水，到八月一日就通车了。工人们日夜不停地修，一日三班，下雨天也不停，丁字湾的石头哪里也不准送，只准送到这里来。拖石头的船日日夜夜来来往往，丁字湾有两千多人专门采凿石头。

东屯渡大桥有两百多米长，宽二十米，高四十二点七米，六孔填腹式公路石拱桥，每孔跨径三十米，桥身全部用花岗石砌成。桥的施工质量怎么保障？当时长沙市政公司有技术人员，只是没有专门修过桥的桥梁工程师，就找他们同行。桥墩子建起来之后，先用很多木材一片一片地拼成一个拱，再在拱上垒花岗岩石块，拱刚拼好，要往上抬石块，但没人敢上，怕垮。没办法，我得带头上。我仔细看了，觉得不会塌，因为在陆地也实验过了，做出这个拱来，实验了什么样的情况下不会垮。我心里有底。

由于没搞过，当然也有危险。最危险的是，第一个拱在陆地做实验时，湖南大学土木系的几个大学生去实习，他们就躺到拱下面去看仪器的变化，我也去那里，看了一会我就回来吃中饭，他们还在看。我吃着吃着，突然听着外面“轰”地一声巨响，我跑出一看，拱塌了，大学生刚好就在这之前出来了，再慢一步就被砸死了。那个后果就不堪设想了。

东屯渡大桥的造型很美，前几年还被列为市级近现代历史保护建筑，后来又加宽了。我还想什么时候再去那里看看。

后来又让我去修铁路，也是当党委书记，京广铁路，手工业系统近三千人参加修路，从九月份搞到第二年过了元旦。本来说留党察看一年，结果五年后才正式宣布取消，其间还让我当了两次党委书记。真是让人哭笑不得。年轻时觉得党的制度呀、决定呀，都是很严肃的，经历过一些事之后，才知道有时就是某个人的一句话，所以我也把权啊、利啊之类的得失看得很淡了。

正圆厂“过苦日子”

一九六〇年我修完东屯渡大桥之后，宣布我的留党察看取消，完全恢复组织生活，不久又宣布我到长沙正圆动力配件厂当副厂长，但又不是党委成员，等于还是给你贴了个标签。

当时正圆是中央直属企业，归农业机械部管。为什么这个小厂还是央企呢？当时汽车的柴油机、汽油发动机，上面有一个很灵敏的部件叫活塞。这个活塞上面有一个环叫活塞环，是一个灵敏部件，中国的这个活塞环在抗日期间是中国自己造的，当时是一个叫戴子其的老板，在昆明根据他的实践经验制造了中国产的活塞环。本来这么现代化的东西应当是现代化的制作，但他用手工方法制作出来了，用了一个小钢锅融化铁水，在一个模型里造这个环，解决了大问题，这种手工造出来的环，它的内部结构比大批量生产的还要好。所以正圆活塞环是当时中国最好的，只是生产效率太低，工人好辛苦，要守在那里，像药一样熬，温度相当高。因为有这么一个产品，所以它归中央直属企业。正圆最多时有两千多人，还生产活塞、轴瓦。

我修完桥之后，就到了正圆。本来正圆就在天心阁下面，破破烂烂的，中央投资两千万要在树木岭盖新厂，我去就是管基建的副厂长，那时候还是一片荒地，没想到接下来就是三年困难时期。当时就叫“过苦日子”，根本没办法弄，没吃的，湖南第四建筑公司都没有吃的，整个都停摆了。

人人都过苦日子，我也得了浮肿病，腿都肿了，一按一个很深的坑，走路也走不动。我原来的体质比别人都差，所以特别明显。当时东塘附近有一个生物标本厂，旁边办了一个休养所，一些浮肿严重的干部住到那里去，发几斤黄豆，吃的有一点荤，大约就是做生物标本省下的兔子肉、狗肉，住了三四个月。

在全国来说，大约湖南过的苦日子是最短的，大概一九六二年初就开始好转了。湖南是农业大省，“共产风”也稍微好一点。那个时候干部按级别补助，我们叫“肉蛋干部”，就是一个月有半斤肉，几个鸡蛋。过苦日子的时候，我在正圆厂，就叫我管生活，主要是搞吃的。当时的常德地委书记叫苑宏武，新中国成立初期我们都在长沙市委，比较熟，我就开着一辆卡车，上常德找苑宏武要菜。因为有这个关系，他一批条子，就搞了一车菜来了，那是宝贝。搞一车回来之后，我又开车去了西洞庭大通湖，给那里的公社书记说好话，买了一头牛，就在那里杀了运回来。正圆两千多人，大家都去食堂分着吃一点，带回去一点。

我老伴当时也下到农村搞整风整社，很苦，吃不饱。我们从家里节省一点菜，叫孩子送去，她舍不得吃，又叫孩子带回来。没听她说那里饿死人，但听孩子们说，有街坊饿死了。当时街道上也办公共食堂，按粮食定量，把饭票发到每个人。有个街坊，是个单身汉，饿得控制不住，半个月不到就把饭票吃完了，结果不到月底就饿死了。那时候，我大部分时间住在厂里，老伴也下乡了，四个孩子正是长身体的时候，可是饿坏了。直到现在，孩子们聊天，对饥饿记忆的细节，还能描述得栩栩如生。

那时候，大家对导致过苦日子的原因也没细究，相信官方的说法，连续三年自然灾害呀、苏联逼债呀什么的。其实那几年风调雨顺，就是因为“大跃进”，不按经济规律办事给弄的。

我在正圆干了五年，还当过总会计师。有一段时间，工厂里实行党委领导下的厂长负责制，两总当家，总工程师，总会计师。我把所有能找到的会计书都搞过来看，看了之后，我还决定自己要写一本会计学。北京财政部开总会计师会，我还到会上作了发言。我做的事情我都有兴趣，做得津津有味，因为不管表面上再枯燥的事情，你都可以从中发现乐趣。我对什么都有兴趣，做什么事情都要做最好，真是个完美主义者。但我对做官没有兴趣。

“文革”在牛棚

一九六五年，我调到了长沙铝厂当厂长。第二年，“文革”就开始了，我成了走资派。我带铝厂的职工下乡支农“双抢”回来，市委来人了，说要我回正圆接受群众批评教育。那时我当长沙铝厂的厂长都一年了，却要我回正圆挨批判，没道理的。但我也没说什么，回家拿了点换洗衣服和一张草席，就进了正圆的“牛棚”。“牛棚”一词，是“文化大革命”的发明，就是把牛鬼蛇神集中关在一个地方，不让回家，并不是真的搭个棚子。

正圆厂区内，铺天盖地的大字报，大标语刷出的罪状大都千篇一律，唯独我的罪状别具一格，从三层楼上垂下触目惊心的大标语，一条叫“疯狂宣传红楼梦反动思想”，一条叫“周扬文艺黑线伸向我厂的黑手爪牙”，还一条叫“胡风反革命集团残渣余孽”。我在正圆时，曾给青年人办过文学讲座。有张大字报揭发，我说过文学并不神秘，街上死了人请人“唱夜歌子”守灵，夜歌子的歌词，其实就是民间文学，这就成了我用封建迷信占领文化阵地，腐蚀革命青年的铁证。当时主持正圆厂运动的是市委工作组，组织人员苦心搜索我二十世纪四十年代开始发表的诗歌，精心打印，装订成册，为我出了一本诗全集，作为“胡风分子”“周扬黑线”罪证，发给全厂成百上千职工，人手一册，大讨论，大批判。工人们说，我们怎么批啊，我们读都读不懂啊？当时要是能把那本诗全集保存下来，真是难得的资料。有些诗我自己后来都找不到了。工作组副组长是我的老朋友，一九五一年“审干”同在一个小组，他是彭述之的后代，彼此老底，了若指掌。有天批斗会之后，与我单独相遇。他四顾无人，低声告诉我：“只搞一个星期，没事。”没想到一个星期不到，他们这个工作组也成为执行资产阶级反动路线的牛鬼蛇神，被造反派赶出工厂了。

很奇怪，当时我也不紧张，是什么原因我也说不出来。我这个人好像一辈子也没怎么紧张过。“文化大革命”高潮时，有段时间，几乎每个星期把全市的走资派都集中到体育广场，挨批斗，每个走资派胸前挂个大牌子，有的站在卡车两边，有的跪在车顶上，游街示众。一般过了中午十二点，我就扶着那车栏打瞌睡。当年在重庆被捕时，我的心态也很好。

我这一辈子遇到过这么多事，真正有一点紧张的，就是在正圆批判我的诗集时。那本“毒草集”中，有一首发表于三年困难时期的诗，叫《景山古槐铭》，其中有一句，“那个独夫，披头散发”。突然有一个人说：“你这写的不是崇祯皇帝，写的是毛主席。”这一下我就紧张了，这可不得了，如此恶毒地攻击，那可一辈子完了。但我很快镇定下来，知道他是在瞎懵，就说：“这是你想到的，我没想到。”他也被吓得不敢再说了。

不久，造反派组织自己斗起来，对我这种“死老虎”也没心思管了，但也不准回家，叫我自己在厂区找个地方住下。因为正圆的基建是我搞起来的，我就四处转啊转，发现一个小棚子，是搞基建时打井抽水时搭的机房，还正好有一张床，花工有时候就在这里休息。我就找了这么个地方，一个人住进去了。

棚子非常小，刚好摆下一张床。我翻了一翻，旁边还有更深的一口井，里面全是煤。床下有一个坛子，竟然是一坛黄豆，再找，竟还有一个炉子。这时候已经是冬天，没有人管我，这就得其所哉了。我有一个军用水壶，我就用这个打一壶酒，烧一个炉子，还从周围老乡家买回烟叶，用自己带的小剪刀剪碎，天天煮黄豆，喝小酒，抽烟。啊哈，那个冬天真是过得舒服。火炉子一直烧到第二年五月。棚子后面是一个破围墙，我家老二有时带了家里做的饭菜偷偷来看我，就穿过破围墙进来，别人也不知道，日子真是过得逍遥自在。有时候也派我们这帮走资派去左家塘种树，孩子就给我送家制烙饼。

所以，和别的走资派比，我在“文革”中并没有受过大罪。当时也有好几个朋友自杀，一个叫陆芳，就是刘晴波的妻子，还有市总工会的主席、粮食局的局长等。士可杀不可辱，陆芳只听说过两天要拉她去游街，就自杀了。我跟孩子们说：“你们放心，爸爸不会自杀。”其中有一个原因，就是因为我祖父、父亲都是非正常死亡，如果再加上我，那就是杨家连续三代长子非正常死亡了，我不能接受这样的结局。当然，还因为我“文革”中并没有受过大罪，没有挨过一次打。我和工人的关系一般来说，比厂里其他的头头要好，平时我比较尊重工人师傅。那些挨打的，有不少都是平常对工人态度不好，工人带有一种报复心理。三年困难时期，正圆厂按上面的部署，动员了上千工人回农村。“文革”一开始，这些人就回来造反，要复职当工人，一批批地回来造反。我在正圆管过人事，我想这下坏了，他们肯定会来找我闹，但却没有一个人来找我。我想，这还是因为我平时对他们好，再说他们回农村是上面统一部署的。

“文革”初期我们都拥护，还叫孩子们去串连，真正到后期才开始怀疑，所以坚决不搞了，去搞《辞源》。

回铝厂当阳极工

我在正圆一直从一九六六年的十月份待到一九六八年的“五一”节。“五一”节之后，长沙铝厂把我叫回去了，我就到车间劳动了，当了七年的阳极工。

当时铝是紧俏物资。先要有专门的工厂，把铝矿土做成铝矿粉，炼铝工厂再用四百到八百摄氏度的高温，把铝粉做成铝锭。当时全长沙市发的电，大约三分之一供给铝厂，因为一吨铝要四千度电。电解铝厂的工人非常辛苦，阳极工又是最辛苦的。阳极就是炭化物，通上电后产生高温。一个阳极有一张床那么大，有一米多高，把电通到阳极里去，阳极再发热把铝变成铝水。通电前，先要把一根铁棒，叫阳极棒，用铁锤打进阳极里去，粗的一头接上电源。阳极工就是打这个铁锤，几乎要趴到地上，戴很厚的手套，要很快地打进去。一开始，动作慢，打不进去，手都烤脱皮了。大约八个小时后，又要把阳极棒拔出来，这时阳极棒在阳极里已经半融化了，又要用长长的把手，前端有一个起子，夹住阳极棒往外拉。阳极工一个班工作四个小时，弄完就下班走人。因为是铝粉，不能有一点风，大热天窗户都要关起来，在高温下劳动四个小时，大汗淋漓，浑身上下一身黑灰。最快活的是下班洗澡，又唱又跳，走进澡堂，大冲大洗，水声、笑声、歌声，追打嬉闹声，十分开心。

现在想起来也真是有趣，人人都是赤条条，一丝不挂，以真人本色本相相见，哪儿还有什么上下左中右敌我友？全都是父母生成血肉身，全都是满身烟尘，在哗哗喷涌的清水下洗得哇哇欢叫。日复一日地冲冲洗洗，渐渐冲淡了我积垢多年的功名利禄心。

几年名副其实的阳极工，真正体会到无官一身轻的乐趣。一开始工人也不敢接触我，怕别人说立场不稳，后来吃饭睡觉都和工人在一起，慢慢熟悉了。一起劳动半年之后，工人师傅都对我很好，太危险、太繁重的事情都不要我做，年纪大一点的师傅很真诚地安慰我说，车间劳动只是暂时的，搞两年还是当你的厂长去。

虽然“文革”前，我只在铝厂干了一年，但还是干出了点成效。一九六五年到长沙铝厂时，这个厂搞了一二十年了，它的产量从来没怎么增加过，反正是计划经济，也没谁想过要扩充做大，上面没提过，也没有人想过。我到任半年后，产量就翻了一番。因为我听说，郑州有个大铝厂，淘汰些落后的设备，正是我们在用的设备。我就到郑州找那家工厂要这些设备，他们正愁不好处理这些设备。结果一个钱不花，全拉回来了。产量一家伙就翻了一番。所以，长沙铝厂的工人也知道，我这个厂长还是个能干事的人。

在“五七干校”

一九七一年四月到一九七二年，我在长沙市“五七干校”待了一段时间。就在洞庭湖边，归湘阴县管，叫白泥湖农场，最多的时候有两千多人，我在那里待了不到一年时间。

我们是四月十七日去的，就叫“417”，我们一批两百多人，总共分了七个连队，我在第四连。还有失足女青年，专门成立了一个连队。

“五七干校”的名称，源于毛泽东一九六六年五月七日给林彪的一封信，叫“五七指示”。其中提到机关干部也应当集中起来，学政治，学文化，搞农副业生产。“文化大革命”搞了一段时间后，造反派都忙于打派仗、夺权，对“牛棚”的走资派没兴趣了，都不愿意管。怎么处理安置这些人，就办个“五七干校”，把这些人集中起来下乡劳动。全国各地都办了好多这样的“五七干校”。

在白泥湖，每天搞劳动，全套的农业生产，从粮食到种菜。我身体不太好，就放到蔬菜班。蔬菜班有十一个人，一排队下来，我是“第八根扁担”。早上起得很早，晚上十一点了，大喇叭还通知，让人到总部去看电影，看到一两点多才回来，刚睡下，又起床了。这就叫自己整自己。可能早期干校集中审查有打人的情况，到我去的时候已不是审查的性质，是干部没地方放，集中放那里。

有一段时间，派了部队的人当连长，其实都是小兵，一开始对我们这些人的态度有点凶，后来就好些了。我们中间最大的官是原来农牧渔业部的副部长，因为历史问题下放到长沙当副市长，八级干部。

当时吃得还好，自己搞自己吃，自己出钱买菜。有一次我们五六七个人杀了一只狗，自己动手煮熟了，喝酒吃肉。住在自己盖的房子里，平房，八个人一间，上下铺，四张床。天冷，地下挖一个通风的洞，自己做蜂窝煤取暖。还有小卖部，可以买酒喝。我就天天喝点小酒，吃完晚饭没事，就早睡。早上起得早，还打篮球，我当过体育教员，五十年代还是市委机关代表队的。

静心养病读书

我是一九七二年三月十八日从干校回来的。回来之后，从春天开始大病了一场，一开始是肠胃道症状，到后来发展到什么都不能吃，畏寒，夏天出大太阳还要穿棉衣。按西医的说法，叫植物神经功能紊乱，病因多为心理社会因素引起。大约是“文革”几年折腾，突然闲下来了，原来积压的各种负面心理情绪就发作了。我在医院住了很久，也换了好几个医院，但西医不能根本改变问题，反反复复，很麻烦。后来遇到一个很著名的中医李聪甫，他就住在我家楼下，他给我开中药，有效果。我后来一直坚持吃他给我开的药，吃了大半年时间，除了服药，还按他说的做食疗，每天喝薏米粥，还有一些别的药，当饭吃。

遇到这样的中医真是幸运。有一次他给我开了药方，我准备去照单抓药了。过了一会，他老伴上楼到我们家，说老李还要再看一下方子。方子再送来，我一看，只是在一味药里加了一钱剂量。他是这样子的中医，很负责，水平也很高，我的病就是他给治好的。我有意识地锻炼健身，也是从这时候开始的，现在还每天一次冷水浴。

那时候，社会上也开始兴起“养生健身热”了，什么“甩手疗法”“鸡血疗法”，五花八门，一下子都冒出来了。一大早，公园里，马路旁，到处都是做“甩手疗法”的，就是人站在那，反复做前后甩手运动，一次要甩几千下，据说有病治病，无病养生。“鸡血疗法”就更神了，就是打鸡血针，定期从公鸡身上抽血，再把鸡血注射到人的血管里去，疗效也传得神乎其神。每天医院里都排好长的队，人人手里提着一只大公鸡，十分壮观。

为什么人们从热衷于政治运动，一下子转到养生健身了呢？这也是有原因的。“文化大革命”搞了好几年了，你斗我，我斗你，翻来覆去，人们已经觉得有些厌倦了，特别是林彪“九一三”事件一出，大家发现革命政治并不是像报纸广播里说的那么神圣，“无产阶级司令部”原来也是勾心斗角，争权夺利，就有上当受骗的感觉了。于是人们的兴趣从关心政治，转到关心自身，关心自己的家庭，关心自己的健康。

病好后，我还是回铝厂车间劳动，但管得没那么严了，实际随你的便。时间很宽裕，无事可做，无乐可娱，无书可读，闲得有点发慌。群众监督也日渐松弛，也可以四处走动走动了。

有一天，我在路上碰到一位姓黄的朋友，他在教育局工作，邀我到他家里去坐坐。没想到他家里别有洞天，满室书香，经史子集几十册，都是线装书。原来他是从周南中学图书馆借来的。学校停课闹革命，只有图书管理员还在坚守岗位，借书很方便。我随手拿回两本《旧五代史》，随便翻翻，以消磨时光。这是“四库备要”本，大字疏朗，纸墨精良，读起来十分轻松。读完了又去换，黄君源源供应不断。我随遇而拿，没有什么计划，也没有什么挑选，有啥读啥，以史为多，读得很随性散漫。这样子有两三年，二十四史读了一半。慢慢地觉得这书本里，可以玩味深思的东西太多了。

一九七四年，随着邓小平的复出，大批解放干部，基本上都是官复原职，我恢复了工作，又当了长沙铝厂革委会副主任。但是我感觉到当领导实在没有意思，过眼烟云，什么也没有。这个时候开始“批林批孔”“评法批儒”，安排我来负责。我组织小年轻们，按“两报一刊”文章，冯友兰、杨荣国的理论，开职工大会宣讲几次，这倒让我可以坐在办公室堂而皇之读书，越读越有意思，有兴趣，就更不愿意当官了。

读来读去，我最大的感触是：说“文化大革命”史无前例，根本不是那么回事，中国历史不知道搞过多少次，王莽搞的还要乱，一次又一次，大动乱太多了，倒觉得林黛玉所言“一年三百六十日，风霜刀剑严相逼”，是数千年生民悲苦的写照。历史上的改朝换代，都打着解民倒悬、革故鼎新的旗号，实际上是你方唱罢我登场，没有什么史无前例。就算是最新式的革命群众创造的“四大”，即大鸣、大放、大辩论、大字报，也不过是雍正皇帝做法的现代版，当年雍正皇帝就是以《大义觉迷录》的形式，发动帝国臣民对湖南老乡曾静的大批判。至于王莽改制破四旧，比我们要彻底得多。同时，我又感到这字里行间，总似乎还有一种力透纸背、剪不断理还乱的东西，维系、吸引、凝聚着古老土地上的悲苦生民，数千年而不坠、不绝、不散。这个就是文化的魅力。

中国这个民族很奇怪，在世界上历史最悠久、自己内忧外患最多的一个民族，它为什么可以一直有凝聚力？文化可以流传下来，这是什么道理？我读书就想这个，文化的力量最强大，所以真正可以叫“无形的手”。什么叫文化？就是人民的需求，就是人的心灵活动。世界上几千万海外华人，他们所认同的中华文化，其实只有那么几点，包括方块字，这是个很神秘的东西。人思考的时候，是方块字在活动。这是世界上没有的，四大文明几千年不变的就是这个东西。

不久，我听说省“五七干校”成立了法家著作注释组，我就带着小青年们前往请教，名正言顺，去了好几次。当时这个组里有几个熟人，包括刘晴波。他告诉我要修订《辞源》的消息。湖南的《辞源》修订组，是在评法批儒小组的基础上成立起来的，开始找了七八个工农兵大学生，他们连辞书都没有见过，当然搞不出来。

我对《辞源》并不陌生。五十年代还从旧书店买到两本。听说要修订《辞源》，我还没想到和我有什么关系。不久，又开始反击“右倾”翻案风，此风越刮越大，“两报一刊”发社论“从民主派到走资派”，令人触目惊心。当时工厂里有走资派资历的，就是我一个人。我想，造反派这么难对付，得要想个法子才好。突然想起，听到刘晴波说修订《辞源》机构正在组建，觉得这倒是一个好去处，于是找到市委宣传部进行试探。那位部长五十年代曾和我共事三年，彼此了解，一听我的意思，他很高兴，说省委宣传部指定长沙选派两个人到《辞源》修订组，条件一是政治可靠，二要老“老九”，我算是主动送上门来。就这样，他把我借调出来到了《辞源》修订组。

回想起来，我一九四七年到长沙后，就结束了从少年时代开始的漂泊状态，正式定居长沙，照说应当进入人生的安居乐业期了。但实际上，一直到一九七六年，整整三十个年头，精神上始终处于一种动荡、变动不居的状态。先是迎接解放，亲历改朝换代的大变局，精神上也经历一次大振荡，大亢奋。接下来，从“三反五反”开始，审干、反胡风、反右派、大跃进、三年苦日子、重提阶级斗争、四清……短短十几年，各种各样的运动和变故不断，真是一波未平一波又起，精神上总是处于一种疲于应付、无所适从的状态。到了“文化大革命”，更是成了革命的对象，批斗来批斗去，真是搞得人身心疲惫，人不像人鬼不像鬼。人生的大好时光，就这么荒废了。而且，不是我一个人，全国人民都是这么过来的，真是大悲剧。

回归自我

多事之秋

一九七六年是中国的多事之秋。

一月，周恩来逝世。当时我正在医院疗养。一听到广播里播出他逝世的消息，所有的医生护士非常悲痛，很多人哭。接下来，就是由人民群众自发悼念周恩来引发的四月五日北京“天安门事件”。《人民日报》发表了文章，将这一事件定性为反革命政治事件。那一天，我正好去武汉出差，去武汉一个大工厂里搞一套设备。在火车上听到广播，说天安门发生了什么事情。当时说实在的，对这些并不太关心，人都疲了，运动搞了多少年啊，闹来闹去的，没什么意思。当时人们对毛泽东都是非常崇拜的，这种崇拜深入到人心里去，总觉得他老人家不会有错，也不敢怀疑他有什么错。当时我已经看了不少书，在心里对“文革”开始有了一些怀疑了，只是不敢说，也不敢深想。

一九七六年九月九号，正是中秋节，两个北京来的朋友住在我家，准备去贵州。我从《辞源》组骑自行车回来，准备去火车站帮他们买票，正好骑到南门口的时候，突然听到广播里说，毛主席去世了。啊呀，赶快回家。一进门首先告诉两个朋友说，刚刚听到广播消息，毛主席去世了，你们绝对不能去贵州了，赶快回北京。那时，我的第一个反应就是担心要发生内战，说不定哪天就打起来了。因为毛泽东一死，没有一个维系的中心，上海、广州都有可能与北京对起来搞，整个国家已经乱套了，失控了。当时不少老百姓心里都有这种担心，老百姓对政治形势的判断心里都有数。当时我的内心也很复杂，一方面担心打内战，天下大乱，另一方面又觉得心情轻松了。

一九七六年十月的一天，突然开会传达，说粉碎了“四人帮”。那时长沙这种二线城市不像北京，小道消息没那么多，一般老百姓都是报纸上说什么，就听什么。一听说抓了“四人帮”，大家震动很大，江青可是毛主席的夫人啊，是旗手啊。所以传达精神的时候，一下子都还转不过弯来，不明白是怎么回事。大家也都上街游行拥护，因为上面有要求。那时候大家都搞怕了，心里有什么想法相互不敢说，报上怎么说就怎么做，组织上怎么说就怎么做。后来随着思想解放、真理标准讨论，特别是三中全会以后，一般老百姓对“文化大革命”，才逐步有了一些新的认识。

修订《辞源》

一九七六年也是我个人生活的一个拐点，那就是进了《辞源》修订组，从而找到了真正属于自己的天地，得其所哉。

为什么在“文革”后期突然要修订《辞源》呢？当时有不少小道消息。说是当时一个很小的叫圣马利诺的国家，派出文化代表团到中国访问，向我们赠送了他们的百科全书一套，印刷精美，皇皇四卷。来而不往非礼也，但我们拿什么回赠呢？那些古书典籍全都被看作封建文化糟粕，旧《辞海》《辞源》不但“封”而且“资”，因为出版的商务印书馆是资产阶级创办的，结果，有五千年文明史的泱泱中华大国，只好选择经过严格消毒、给小学生用的《新华字典》回赠。据说重病之中的周总理对出版工作做了最后一个批示，就是要求做好包括《辞源》在内的几种大型工具书和百科全书的编写修订工作。

一九七五年底，为了完成周总理的指示，中央下令四大辞书一齐上马。四大辞书，是指《辞源》《辞海》《汉语大字典》《汉语大词典》，“两辞”是修订、“两典”是新编。当时修订《辞源》算是中央任务，由北京商务印书馆牵头，中南四省区各自设修订协作机构，按部首分任务，各领四分之一左右，最后由商务印书馆设定稿组审定。

商务印书馆和中南四省区成立了《辞源》修订班子，将修订《辞源》做为政治任务轰轰烈烈上马了。湖南省《辞源》修订组成立了，从各大学校抽调了几十个人，全部集中住在省委党校。这样我才有机会混进《辞源》修订组。

当时参加《辞源》修订组的，除了湖南大学、湘潭大学等高校的几位教授，还有工农兵大学生，为了体现无产阶级专政、工人阶级领导一切，不定期还有生产一线的产业工人加入，且要求有男有女。

我印象深的有两个人。一位是黄师傅，某大厂型铸车间八级翻砂工，这个工种，这样的高级技工，当然是苦大仇深的老工人。他虽然目不识丁，却也世事洞明，人情练达，有一种从容、平和的特殊的“书卷气”。从来没有听黄师傅讲过自己怎么来《辞源》修订组，也很少见他在公共场合发言，他脸上总是挂着和善的微笑，眼神也很清亮，说明他很知道这是个什么堆，知道在这群人中要怎么自处为好。他每天清早起来打扫院子，哪里电灯、门窗坏了，或者自行车有毛病，他都有全套修理工具，不请自来。谁人病痛，挂号求医问药也是他的事情，因为他夫人在一所大医院工作。两年相处，他和老学者、小青年都成了朋友，后来他要回去，大家凑钱举办茶会送行，话语不多，情意切切。

勤务组还有过一位女性成员，我不知道她姓什么，我去《辞源》修订组报到时，见一位二十几岁的小姑娘正一把鼻涕一把泪地下楼，有两位上班干部模样的人提着行李像是送她。我还以为是知青下乡。后来才听同事们说起，这个小姑娘曾任勤务组副组长，待了二十多天。她原是某绸厂学毛著积极分子和毛泽东思想文艺宣传队队长，被推介选拔进驻《辞源》修订组来体现“工人阶级领导一切”。可能推介选拔的决策者和小姑娘自己，都将修订一本什么书当作文艺宣传一样的革命工作，结果到了才发现，原来竟都是五十多岁的老头子，暮气沉沉、死气沉沉、一句共同语言也找不到，造成了精神上的“水土不服”。据说小姑娘先是郁郁寡欢、闷闷不乐，继而白天蒙头大睡，晚上彻夜不眠，发展到衣衫不整，蓬头垢面，时哭时笑，据黄师傅判断是精神失常。于是修订组领导赶紧与绸厂领导联系，便有了我来报到时看到的场景。

我刚到修订组时，论身份，算得上是十分光彩，鹤立鸡群，堂堂正正唯一的革命领导干部，其他的中坚力量，都是被赶下讲坛的大学教授。我记得有湘大的羊春秋等。相熟之后，他们给我几句顺口溜：“走资派还在走，一走走到辞源组，看你还朝哪里走?”一个诨名“老走”一直叫到散伙。当年他们给我的下马威是，和工农兵学员一起，编成学习班，从最基本的古汉语知识讲起，进行启蒙教育。于是五十多岁的“老走”，与二十岁左右的小青年同窗共读。平心而论，就修订《辞源》的要求而言，不算冤枉我。我二十几岁时当过几年老师，从小学的国语到高中的国文，但实在连《说文解字》都没读过。音训通假，也不知道。但老九们要为我启蒙，纯粹是因为我是某厂厂长，现革委会副主任，属胸无点墨的“土八路”一类，与工农兵学员一个档次，五十多岁来当吹鼓手，宜从牙牙学语开始。

因为是政治任务，当时修订《辞源》最精彩的动员令就是：“一定要把充满封资修的旧《辞源》砸个稀巴烂，搞出一部无产阶级专政条件下继续革命的社会主义新《辞源》。”提出要大搞群众运动，开门办《辞源》，坚持革命路线、群众路线，依靠工农兵，走出去，请进来，甘当小学生，接受再教育等。

于是，我们几个老九，冒着盛暑骄阳走进工厂、田间、兵营，通过各级革委会，请几位活学活用的积极分子，举行大中小型座谈会，一般是由我们从修订《辞源》，为什么要砸烂的伟大意义讲起，讲完了，一般是静坐半个小时左右，吃餐便饭，散会。最大的收获有两点，一是一位革命群众认为应当把《辞源》改为《词源》；第二点是一位工厂的革命领导干部，深刻揭露旧《辞源》反动本质，表现在书名是由伪满洲国大汉奸郑孝胥题写的，张牙舞爪，一派反骨。新版《辞源》还真革了郑孝胥的命，烦请叶圣陶题写书名。

接下来就是老九们如何具体工作了，但谈何容易。最大的难题是如何才能砸个稀巴烂。根据上级指示精神，挖空心思，绞尽脑汁，想出两条，一是以农民起义为群众基础，二是以法家词条占统治地位。于是便在少得可怜的几百本书里集中找农民起义和法家词条，于是诸如荀、商、申、韩、吕后、武则天、李自成等都成了抢手货。

这样搞了一年多，一个字也没有搞出来。《辞源》这样搞当然搞不出来。到一九七七年上半年，当年编《辞源》的陈原、吴泽炎诸位先生到四个省都走了一遍，陈原还专门做了一次讲话，为我们上了辞书学的启蒙一课，纠正了原来的方向。他讲话的时候，当时人们认为一个铝厂厂长来修订组是瞎搞，以为我是来养病的，根本没通知我，我还是自己去的。

经过陈原的“启蒙教育”，大家才知道《辞源》要怎么搞了，《辞源》修订这才走上正轨。我到底见过《辞源》，大概半年左右，我搞出了湖南组的第一个字“威”。用现在的话说，算是杀出的一匹“黑马”。当时组长方克专门跟我说：“哎呀，老杨，你还真有两下子。”

其实当时谁也不知道要怎么搞，都是自己摸索的，不过我一点压力都没有。当时有些人都没见过《辞源》，我不但见过，而且用过，第一版我就见过。我的好处是我的知识面广。他们有的是大学中文系的教授，但是没搞过辞书，这和有系统的学问是两回事。辞书要知识面广，搞辞书不是做学问。

当时的办法就是翻书，遇到有“威”这个字可以成词的，都搞到卡片里，“威风”啊，“威武”啊，等等，一个“威”字搞很多卡片。一张卡片叫书证，要记录在哪本书里最早出现威风，然后第二个出现的是什么，这样一个一个排下来。我现在印象最深的是“威姑”，过去从来没见过，它的意思就是“婆婆”，这个是查出来的，从没有见过。这样子搞出来一个字后，慢慢大家都知道怎么搞了。当时我在《辞源》修订组做了几千张卡片，没有保存，可惜了。

后来几个人一个小组，有人负责提供最初草稿，有人审查，最后审定，变成了流水作业。我后来就成了小组组长，联组组长。几个组搞出来的内容我最后看一看，看符不符合辞书的要求。我有时说，湖南《辞源》修订组的工作量大约占全国《辞源》工作的四分之一，我大约担任了湖南工作的四分之一。最后，所有的资料全部集中到北京商务印书馆，刘晴波代表湖南到北京最后定稿的，改动很大。我这个“威”字基本没有动，“大”字这个部是我管的，“大”字这个原来很长很多，他们删掉了很多，更简洁。

中南每个省负责四分之一的《辞源》修订，湖南的《辞源》组是最正规的，不光集中了人员，当时湖南的省委书记叫李振军，他还每年给修订组五万块钱买书，这不得了。当时我一个月工资才一百多块钱，一九七六年五万块钱可以做很多事。

当时湖南《辞源》修订组到北京中国书店买了很多线装书，那时这些旧书根本没有人要，论斤称，买回来的旧书，全部满满地放在几间屋子里。整个木版书都有一股特别的香气，因为很多那个纸是用檀树的皮做的，所以叫书香。

因此湖南《辞源》修订组的书是最丰富的。我从来没见过那么多的线装书，我以前其实也没系统地读过书，就是编《辞源》的那几年，当时看了不少线装书。书名知道的多，翻的多，见的多，有些连书名都没有听说过，像《四部丛刊》《四部备要》。中华书局《四部丛刊》，过去听说过，没见过。偶尔见过一本，抗战以前铜版的印刷。商务印书馆的《丛书集成》，把中国历代的丛书收集到一起，很大的一个工程，有上万册图书，我们的不齐，也有几百本。《佩文韵府》，康熙时编的，专门给写古诗的人提供的，按韵把古代人诗句分出来，很厚。还有从日本搞回来的，鲁迅都没有见过的，是清朝末年在日本发现的一部分中国古籍，鲁迅写《中国小说史略》的时候没有见到。搞完以后，这些书后来分掉了，社科院，出版社，宣传部，几家单位都分了一点，没有集中起来保存，可惜了。

在修订组这几年，大大开拓了我的视野，我知道了很多书的大体的内容，所以现在，我说我有一个写文章的秘密。我写文章看起来引用古籍很多，其实我就是根据《辞源》或者《辞海》引用的书证转引的。但我这个秘密说出来，如果年轻人如法炮制，就不行，因为这本书他们没有读过，而我引用的这本书，我是读过的。这个道理，就像现在用百度查资料，很方便，但是直接用百度查的资料写文章，就不是那么回事了，虽然现在不少人是这么做的。

通过修订《辞源》，我对读书的兴趣更大了，是很自觉地主动地把人生方向转向读书，投入进去了，对修订《辞源》也很有兴趣。天天晚上忙到十一点，后来房间里搞了一个罗马尼亚进口的电视机，我只是偶尔去看一看，礼拜天才回家。

绝意官场

《辞源》搞完了，按原则是从哪里来要回哪里去，但我是下决心不回去了。当时组织说就安排个官，是县团级的干部。我说我不要，绝对不要当任何长，我五十六岁了，还要我回工厂做厂长太残酷了吧？当时有几个选择，到文联作协是最简便的，也名正言顺，当时康濯当省文联主席，他说朱健来我们当然欢迎啊，但人事科长不同意，说一家三代都有问题。

我在《辞源》组时，一九七八年毛泽东关于“诗要用形象思维”的信公开见报后，引起了一场大讨论。《辞源》组也组织学习讨论，我做了一个即席发言，其实就是随口说的，但因为这是我的当行本色，他们听了觉得很新鲜，很佩服。当时的省委机关刊物《新湘评论》，正为形象思维组稿犯难，听说我有个精彩发言，就找上来让我给他们写稿，我就和赵光白一起合写了一篇论形象思维的稿子，《新湘评论》很快就发了。这也是我“文革”后公开发表的第一篇稿件。所以《新湘评论》也欢迎我去，但也没去成，还是管人事的不同意。社科院也是一样，都不要我。我自己又不愿意回铝厂，就这样在组里又赖了半年，我是最后一个离开《辞源》修订组的。

有一天我在街上遇到刘高林，他是原演剧六队的队长，老地下党员。我问他现在在哪里，他说在潇湘电影制片厂。我说到你那里去怎么样？他说可以啊，但要通过文化厅往这里调。当时的文化厅的主管是个军代表，他爱人也是家庭出身不好，正好跟我老伴在一个商店，积极申请入党。我老伴当时算是商店里的一个小头头，就很积极地帮她解决组织问题。有一天军代表两口子还提着两瓶酒到我家里来，这是我这一辈子第一次收礼。我老伴帮她解决入党，我也就如愿以偿调到潇影厂来了。这是一九七八年年底。我说这一次讲清楚，我无论到哪个单位，什么长都不要。这是很重要一条。这样我就到了文学部。

一九八三年机构改革，曾经提名我当党委书记。文化厅、宣传部也找我谈。我说唉，我这马上六十岁了。上面说，你先搞，搞了再说。那时候管文化的省委副书记叫焦林义，跟别人说，我不认识杨竹剑，我要找他谈谈才好。有人就跟我说了，焦书记想找你谈谈，你去找他。我说这个事我不干。他什么时候传话要我去我就去，要我主动去找他，我坚决不干。幸好没去，电影厂的头头很难当，都是有文化的，都是走江湖的，我走不过他们。那些导演，一开始听他们谈起来天花乱坠，听得多了也发现，其实很多人都是瞎掰，无中生有的事说得活灵活现。

当时潇湘电影制片厂要拍故事片，要搞故事片就要剧本啊，我就在文学部写剧本。我写过 一个剧本，改编的《聊斋》，厂里已经确定要拍了，这我才发现，搞电影跟我想象的不是一回事。你搞了一个剧本，几乎任何人都可以给你提修改意见，一层一层往上审，最后还要省委常委会审查通过，省委副书记都可以直接改你的剧本。我有时候跟人开玩笑说，中国能改我的文章的不多了。所以我再也不写剧本了。

“文化大革命”刚结束的时候，潇影厂收到很多电影剧本来稿，我就专门看剧本来稿，做责任编辑。有个剧本是写太平天国的，叫《天国恩仇》，责任编辑是我，开拍了，这可以说新中国最早的武打片，很卖座，发行的拷贝数，多年保持潇影厂第一。我为什么要当这个责任编辑呢？我就觉得电影，要娱乐先行，它就是个娱乐的东西，你要它载道，很难。

当时我还找彭燕郊一块写过电影剧本呢，写梁宗岱。他和梁宗岱的夫人很熟。梁宗岱绝对可以写一个电影了，他和他夫人那一段，就非常传奇了。他的夫人是一个戏曲演员，他那个时候本来在复旦大学教书 ，回到广西，看戏，看他夫人唱戏，就迷上她了。梁宗岱会武打，迷上他夫人后，被人包围在一个屋子里打，他拳打脚踢出来后，他夫人就跟他，他就与那个女作家沉樱离婚了。

彭燕郊就去了广州，住在梁宗岱的外国语学院，住了半个

一九七九年的朱健，摄于桂林象鼻山

多月，但是后来没写。那一次还有个任务，胡风的夫人梅志在深圳休假，我去的目的，就是和梅志会面，准备写胡风的电影本子。胡风的本子我倒是写了，那是一九八八年，当时知道不可能拍，算是我们这代人确实有人写过吧。后来这个剧本给了彭柏山的女儿彭小莲。

一九八九年我办了离休手续，六十六岁才离休。

现在想起来，下决心不当官了，是我晚年，也是一生最重要、最正确的选择。

再谒胡风先生

自从一九四八年接到胡风先生上海来信后，我全身心投入学生运动，再也没和他联系了。

我和胡风先生在北京再相见时，已是三十六年后的一九八二年了。

那一年我将届花甲，历尽磨难，九死一生的胡风更是垂垂老矣。牛汉对我说，我到北京的前几天，几位友人相约，刚刚在胡风家中为老人举办了一次规模很小的八十寿诞之典。不无遗憾的是，我来迟了。

我记得那是一个冬天的黄昏，我独自一人走到木樨地巍峨的高层公寓时，已是夜色苍茫。我的心境凄怆、悲凉而惶惑，不知应当如何来对待这劫难之余、暮年重逢的场景。开门相迎的梅志却满面笑容，举止轻捷，不待我通名报姓，便连声："重庆见过！重庆见过！"热情爽朗，仍见当年风采。她把我带到兀坐在一张沙发上的老人身边说："朱健来了！"

我俯身向老人致意。老人侧仰着脸看我，嘴唇抖动，想说什么，但没有声音，只眼角里涌出了两颗硕大的泪珠。

我在老人身边坐下，一时不知说什么好。也许已多次经历此种场面，梅志从容地和我拉起了家常，无一言涉及过去的伤痛。只是在胡风到厅中单独进餐时，她才喟然轻声叹息："他牙齿不好，要吃软食……实在没想到大家还能再见面啊。"老人吃过饭，梅志邀我和她及晓山一起吃晚饭。我如实地说："吃过了。"梅志诚挚相邀："那就一起坐一坐，也算是在我们家吃过一次饭……"

在我和梅志东一言西一语地闲话时，老人始终腰板挺直，沉稳庄严地坐在那里；偶尔插问："爱人做什么工作？""几个孩子？"我告诉他，爱人抗战时期曾在重庆读书生活出版社工作，常见到他。老人点点头，轻声自语："啊，重庆读书、生活出版社……"似有无限思绪在他心头萦绕。

这最后一次见面，老人说话很少，留给我的印象却强烈而鲜明。以后，我写过一首题为《老树》的诗，开头两句是：这里有一棵老树，威严、庄重、沉默……

一九八四年四月我到北京开会，住在京西宾馆，离木樨地胡风的家，真是近在咫尺。晚饭后我曾几次一人步行到木樨地，踯躅徘徊于楼前行人道上，稍憩小坐于低矮绿地，仰望三楼灯火，犹豫不决：上不上去呢？这时他那苍老容颜上两颗硕大的泪珠，他那挺身兀坐、举步艰难的身影，总引发我无限凄楚——不要打扰他，让老人好好休息！好好休息！就是这样，终于，没有登楼拜访。

终于，传来了老人与世长辞的消息，传来了那些令人困惑、愤懑的真正莫名其妙的消息。我把困惑、愤懑写进另一篇文字中，在老人生前寄赠、尚未出齐的《评论集》的扉页上，只写下了这样几个字：一代文宗，千秋功业！

梅志真正认识到胡风的价值，懂得他的价值。她比任何人都懂得胡风。她自己也很有才华，但她肯牺牲自我，成全胡风。梅志自己的文章也写得很好。这种美德，就像俄罗斯的十二月党人的妻子。

我第一次见到梅志是在重庆，很小的房子，她穿件蓝布衫，很亲切。梅志身材苗条，皮肤白，是文艺界四大美女。梅志有多方面的才能，她经手来出书，可以挣钱，非常精明能干，办《希望》刊物，就是她和胡风两个人，她跑印刷工厂，胡风可以安心地做自己的事，她做一辈子的家庭妇女。后来她到湖南参加丁玲纪念会，会后上了趟张家界，回来后经长沙，在我家住了三四天，每天跟我老伴一起择菜，做饭，拉家常。当时她已经八十多岁了。院子里有人碰到我说，你们家来了一个好漂亮的老太太，专门跑到我家来看她。

政治的诗化与“七月派”诗人

明年（二〇一二年）是胡风诞辰一百一十周年。不知道会不会搞一些纪念活动？现在活着的“七月派”不多了。牛汉在北京八十八岁，罗飞在上海八十七岁，今年上半年徐放去世了。

现在的“七月派”，是一个文学研究中的统称的概念，其实严格说起来，“七月派”又有所谓拉进来、打出去的人。我其实算不上“七月派”圈子里的人。当年胡风就写信跟我说，不要混到圈子里去。一九四八年以后我再也没跟他联系，搞革命去了，也没写过一首诗。三十六年后的一九八二年，我在北京再次见到了胡风。后来几次去北京，犹豫再三，没有再去见他。我想如果换个人去见过他，也一定不想去打扰他。我一去，他见了我，坐在那里，什么话也不说，就流眼泪。他认为是他拖累了我们，他觉得他不写《三十万言书》，他不会有事，我们也不会有事。他也把这个事简单化了。

事实上，胡风不写万言书也会是一样的命运。从解放战争开始他就一直受到批评，把他划做了异端。表面看起来，他也是马克思主义理论家，甚至有点左，但具体评价一个作家一部作品时，他不搞政治第一，这和延安文艺座谈会的观点有区别。胡风认为诗首先是诗，艺术第一。毛泽东则认为政治第一，政治标准第一。但胡风坚持他的观点，他不会放弃，如果放弃了就不是他了。胡风这个人，把政治当作诗，把诗当作政治。把实际的政治看成跟写诗一样，把政治理想化了。把诗当成政治呢，意味着写诗本身不是为现实的政治服务，而是为政治美好的理想，为理想的政治。现实的政治，是操纵层面的政治，是利益的博弈，而思想家、文人眼中的政治，则是理想化的政治，是大同世界的美好未来。只要是政治家，年轻时都有理想化的政治，但一旦进入现实真正层面的政治，就不是那么回事了。

有一个问题我时常在想，“七月派”的这些人都有个共同的特点，受了这么大的委屈，但没有一个人跑到香港，或者跑到国外去骂共产党的。张晓风他完全有条件可以出去，出书啊，到香港发个言什么的。但没有一个。倒是被打成“右派”的很多人出去了。

这是为什么呢？我想有一个原因，真正的作家诗人是不能脱离自己生长的土地的，这和西方不一样，西方有一个整体的文化系统。中国的文化心理和西方的文化心理可以说是没办法交融的，一离开这个土地就搞不出名堂。

这里面还有一个很大的原因，就是我说的政治的诗化，是我们这些人和胡风一样，都把政治诗化了，把政治也当成了现实的诗，把现实的政治活动诗化了，而且一辈子都是这样子。所谓诗化就是理想化，我们把现实的政治理想化了，诗化了，而且谅解了。因为在实现理想的过程中难免有一些曲折，我们要求得一种谅解，把现实里面存在的一些问题，一些负面的东西放下来，不让它们成为自己的包袱，认为这是难免的，这才是现实的本质。

这种政治的诗化，会给自己心理的安慰，但同时内心里面又积淀了很多不满，自己又不敢正视这种不满，自己都害怕，这是一种真正的发自内心的感受。在现实生活中，不敢正视这些感受，但进入诗歌创作时又自然而然出来了，在创作中发现了。

我对现实政治的勾心斗角看到很多，但我从来没有参与，我从来不跟人搞这个事。我不愿意害人，一辈子最根本的，不愿意害人，害人之心不可有。我从来不搞这个事，但有些事又把你推到里面去，你有什么办法？没有办法。作戏的虚无党，像鲁迅说的，我不认识他，又要批判他。真是无奈。

一个人害人之心不可有，但防人之心不可无。要有知人之明，不要轻易相信任何人，这并不是把别人都当成坏人，而是要有自己的判断。我想我这一辈子，似乎还没有犯过知人、识人的错。我的经验是，无论是大事小事，在准备行动之前，再想一下，再反思，在变成行动之前要有一个反思过程，也就是中国人讲的“三思而后行”。中国人对人生研究得很透彻，庄子、老子都是讲人生。

我这个人随遇而安，不刻意追求什么，不想去捞点什么，从中得到些什么好处。我和领导、同事，从来没有因为个人利害发生过什么矛盾，我从来没有让他人感到威胁，我只对做事情感兴趣，不计较个人的得失，和同事们都处得好。人的心态很重要，有些苦恼是自己找的。这是我的人生哲学。我从来不和人家搞正面冲突，没意思，很浪费精力。

当然，面对现实不妥协、不合作的人，我也会佩服。如何面对现实，这和每个人的生存环境有关，每个人的生活方式也都不一样。

“文革”最大的收获是对政治看得比较清楚，官我绝对不当了，还是搞文化好，就搞《辞源》去了，到了《辞源》里边更加深了这个体会，搞文化才是我的天地，那个环境真正是不问政治了，到哪个单位都不要安排我当任何职务，到哪里去都不要，真是看透了，搞文化好像是我生命的一种本能一样，回归自我了。

结缘《读书》

一九八九年我离休了，我倒没什么失落感，打麻将什么的都不会，我当时想练书法。书法我也写不好，但评还是可以的；京戏我也不会唱，但是我也会评。当时我和三联书店关系很深，我夫人抗日战争时期就是在三联书店工作，所以我和三联书店老一代的人就很熟，而且我们从小就读三联书店的书，范用这些人也都很熟。三联后来出了杂志《读书》，我也没有想过给他们写文章。

一九八九年给《读书》杂志写了一封信，对《读书》有批评也有建议，也没有提我和范用他们的关系。没想到当时的主编沈昌文很快给我写了回信，个把礼拜就回信，很客气，说我的意见很对，这封信本身就是美文，我们要美文，你给我们写文章吧。他也不知道我是什么人，我用的本名写的信。

我四月给他的信，几个月后《读〈读书〉记》在一个相当于“读者来信”的栏目，发出来了。后来他们就给我来信，说作者流失比较多，需要大家多支持，意思是要我给他们写点文章。我就寄了一篇谈彭燕郊的文章，《读书》编辑吴彬回信说，不久前刚发了一篇谈彭燕郊的。那我再写点什么好呢？就谈《红楼梦》吧，我就又写了一篇。一九九〇年的九月份《读书》发了，广州的《随笔》杂志也在九月把彭燕郊的文章发了。当时这两家杂志正是最红火的时候，碰巧了，从此我就一发而不可收。《读书》有一年发了我七篇。《文汇读书周报》《南方周末》，还有长沙当地的报纸，我的随笔也发了很多。于是，就有很多人知道湖南有个写文章的朱健。

有次我在东塘街头散步，遇见了一位熟人，是原来的同事。他说，老杨啊，我向你打听个人，叫朱健，文章写得真好，而且就住在这附近。因为那时我在《读书》的文章，结尾都注明某年某月于长沙东塘。我哈哈大笑，说我就是朱健呀。他不相信，说我是认真的，你不要开玩笑。我就说你喜欢朱健的文章，你报一篇题目出来，他就说了我新发的一篇文章。我说你听着，就背一段文章给他听。他大吃一惊，说真没想到就是你呀。

我出书也是这样，不费力。我跟他们说我不会搞书，我一共出了五本，都是小书，合起来不到一百万字。出书的事我都没有管过，都是天上掉馅饼。一九九六年，正是辽宁教育出版社最红火的时候，他们就是靠“书趣文丛”打天下的，人家都有名，我是搭进去的。七十三岁了，才出第一本书，其实是读书的编辑吴彬编的，《潇园随笔》。三联后来又出了一本，董秀玉组稿，要她的秘书当编辑，我都没管过。

不少人都认为我写得很快，其实我写得很慢。年轻的时候一天写个一万字都没问题，现在真正写文章很慢。我改文章很厉害，最后总是面目全非的。刚开始给《读书》写的时候，一篇改三五遍，千把字的都改得很厉害，这是一种习惯，说好听是比较认真。我做事情都没怎么用力，不会有意识地去做，只是慢慢地凭兴趣去做，兴趣广泛，但都不行，浅尝辄止。我二十岁开始写诗，按道理应该写很多诗啊，但我没有写多少。

就我自己来说，这些文章还是不如我那首诗。我的文章我自己还有点评价的，有些读者有兴趣，很重要的原因，就是因为我是个业余作者，我没有章法，没有受过基本训练，我可以乱写。我们厂一位同事的女儿是个大学生，我送给她一本书，她看了之后说了一句，原来文章可以这样写。说得很正确。因为一般人认为，写文章总要有个套路，我的文章没有套路，每一篇都不一样。这是很重要的原因。我是业余作者的套路。再一个，我的文字比较简练，我写一句话，别人可能要写三句到五句，而且不是空话。还有一点，我的看法比较独到，比如我在《芙蓉》杂志上评《水浒》，有些人就跟我说，你文章里说的我们都没想过。

说实话，如果不是年纪大了有了想写的念头的话，尤其如果不是在“文革”期间我对文化有了感悟，我可能也走不到今天。过去我对文化有兴趣，但完全是兴趣，经过“文革”，我对文化才有了理性觉悟。当然我没有使命感，心态比较自由，庄严的东西我不行。我没有这种定力和耐力，我有这个兴趣，但是要我自己去做就不行了。我还写过小说。二十世纪八十年代初期我在《湖南文学》连续发了很多小说，但继续写就不行了。我不是那一种静下心来慢慢做的人，都是凭兴趣，碰巧了。写诗，跳到胡风的“贼船”上去了，写文章，碰到《读书》了，这是没有想过的。像胡风、沈昌文、扬之水这些编辑很重要，我的机遇好。

扬之水这个人是学者型的作家，作家型的学者，她的学术性的文章很美，读她的散文性的东西，也看得出她的学术底子厚。她每天早上四点钟起床，晚上十点钟睡觉，从来不做饭，宁可吃香蕉。我跟她其实坐下来好好交谈的时间不多，一九九七年到北京，她请我吃饭，我说有时间到你家去看你的书，打电话联系。结果我要回去了她还没有打电话来，我给她打电话也没有通。后来她来了一封信，说电话坏了，电话修好后她马上给我电话，我刚走。

我读书读得也很杂，没有太多系统性。我喜欢契诃夫，他的剧本写得很好，有诗意。我很喜欢。比如一部叫《樱桃园》的剧本，我读过好几遍，每一遍都有新的体会。虽然我没有系统地读过多少书，但很奇怪，扬之水他们觉得我能谈出一些新鲜的有意思的观点，有自己的见解。我想这是一个人的悟性。一些人读过很多书，但没有思考渗透融化，没有变成自己的东西。我不是学者，不是专家，就是一个喜欢读书的人而已。但我对书有自己的观点。我有一个观点，但一直没有说出来怕人家不理解，就是看文章看一本书不用全部看完，看第一句话就知道，就像听一个人说话，听一句话就知道他的嗓音怎么样。听京戏，听他唱第一句话就知道。这一句话不但可以看出文字水平，还可以看出这一句话的内涵与情感，就可以判断这本书值不值得读。比方说金庸有很大的名气，但一看就不是纯文学的作品。二月河我也不看，扬之水的印象深。这个能力不是练出来的，而是一种对文字的感觉，敏感不敏感，跟内心的共鸣、冲击有关。这个观点我从来没有跟别人沟通过，二〇一〇年在重阳节，黄永玉在长沙跟我聊天，咦，他也

湖南文艺出版社出版的《朱健诗选》

是这个观点。很有意思。英雄所见略同。

我这辈子遇到了两个好刊物，一个是《希望》一个是《读书》；也遇到了好编辑，新中国成立前是胡风，新中国成立后是沈昌文、扬之水这些人，真正在文化的天地与领域里找到了自我，回归了自我。话也说回来，如果没有那几十年的政治经历，找到自己还不一定那么清白。进到文化圈子里也不得了，我没有进到文化圈子里去，我是边缘人，一进到圈子里就有利害有利益，我没有功利的东西，出书就出书，不出就算了，所以我出的书没有一本是自己编的，现在我也不知道怎么编的。在圈子里混久了就和功利搞在一起了，几年不出书就着急了，在乎声名。我写过一篇短文，对于我做业余作者这一点非常满意，不靠写作吃饭，真正有一种自由状态。

逍遥读《红楼》

四大古代名著，我真正读《红楼梦》比较晚，这说明接受《红楼梦》不容易。我上小学时得到过奖品，就是一套儿童版的《红楼梦》，当时根本看不进去。后来很多年，也有很多机会可以接触到，但始终没有兴趣。

一直到一九五一年，我不知怎么搞到了一套线装的《红楼梦》，从那时开始，就叫作进入《红楼梦》了。当时我二十八岁，在长沙市委当秘书科长。书就放在我床上，天天晚上读，读得如痴如醉，翻来覆去地读。但这时候还只是读《红楼梦》，还没有研究，到一九五二年出了周汝昌的《红楼梦新证》，这时候我才看研究《红楼梦》的书，但是我兴趣不大，认为没有说到点子上。

当时我对《红楼梦》有兴趣到什么程度呢？有一件事情可以作为旁证。我在正圆厂当副厂长的时候，厂里有一些喜欢文学的青年，大约十几个人，他们知道我写诗，他们来找我，我就把他们组织起来搞了一个读书会，就是组织他们读《红楼梦》，没想到“文革”中这也成了一条罪状，当时铺天盖地的大字报、大标语刷出来的罪状，几乎千篇一律，唯独我的罪状别具一格，从三层楼上垂下触目惊心的大标语，一条叫“疯狂宣传红楼梦反动思想”，还有一条叫“周扬文艺黑线伸向我厂的黑手爪牙”，另一条叫“胡风反革命集团残渣余孽”。

“文革”前，我有次出差，一位技术员随行。途中聊天时，我问他读过《三国演义》《水浒传》《红楼梦》没有，技术员嘿嘿一笑，说没读过，我拍着他的肩膀开玩笑，新中国的大学生，要知道，不读老祖宗留下的宝贝，算不得真正的中国人。批斗会上，此君义正词严地质问我：“你读过《红楼梦》，成了‘三反’分子，‘三反’分子算中国人吗？”我被问得张口结舌，目瞪口呆，脑筋怎么也转不过弯。

几个月后，毛泽东讲《红楼梦》的那段语录出来了，再也没有人讲了。

但是《红楼梦》我只看前八十回，八十回后根本不看了，我认为差得太远了。如果不看前面的内容，光看后面，也很精彩，但是不能比，一比就不行了。胡风、王蒙，都是同一个看法。胡风认为曹雪芹只写到前八十回，下面的根本不需要再写，因为人物的命运都有了，曹雪芹就写了这么多。王蒙认为，写到八十回，曹雪芹还想写，但他写不下去了。他从自己的创作经验来说，长篇小说的结尾最难写，没法再写了。我的揣测，他们两个人的意见加起来就对了。曹雪芹写了八十回后，可能还是写了后面的，但自己不满意，不愿意叫别人看，像果戈理写《死魂灵》，写了两稿，不满意就烧掉了。毛泽东有眼光，对《红楼梦》的评价非常高，在《论十大关系》里说，除了地大物博，人口众多，历史悠久，以及在文学上有部《红楼梦》等等以外，很多地方不如人家……这部小说是世界上独一无二的。问题就是没法翻译，翻过去没有人看得懂书里写的那些衣服、家具，我们都看不懂。

《红楼梦》的独特性在于，它选择了社会的精英阶层的精神生活，包括那些保姆都是精英，佣人都很有代表性，除了物质生活以外，更注重的是精神生活，浓缩了中国的精英文化，真正的精英文化。世界上没有这样的作品，唯一的。

这本书第一吸引你的是语言，曹雪芹就随便起一个人的名字都可以让你想象，“多姑娘”“王快腿”，随便找一句话，一个字，都有内容，可以写一篇文章。它里面写了七百多个人物，巴尔扎克的《人间喜剧》，加起来也没有这么多人物，而且里面每一个人都是活的，哪怕他只出场一次。

“《红楼梦》是读书人的宝典。”李健吾曾提到，要用中国戏曲的眼光读《红楼梦》，它的叙事创作方法上是中国艺术手法的大成，诗词歌赋那不用说了，黛玉葬花在哭的时候怎么会哭出一首诗？而且贾宝玉在这边还能听到，这在现实里根本不可能，但在中国戏曲里面可以，虚实相生，达到相当的高度。

《红楼梦》的缺点，是曹雪芹懂的东西太多了，忍不住离开了故事的发展，写着写着就会搞一大段。比如惜春作画，宝钗大谈各种各样的笔、纸，这个从创作上来说也是他的败笔。

曹雪芹本人到底是怎么回事，一点真正的直接的材料也没有。这也是一个谜。乾隆年间有很多东西留下来了，到底有没有曹雪芹这个人哦？现在还很难说。

一个人一辈子读《红楼梦》，是很大的享受，一辈子能读透一本书，比你读很多书但没读懂要有用得多。《战争与和平》没法比，读不完的《红楼梦》，说不完的《红楼梦》。读透了一本《红楼梦》，吸取的很多东西，让你一辈子受用。有时扬之水打电话来说，又读了一遍《红楼梦》咧。

我现在还经常翻一翻《红楼梦》，有一套大字的、影印的《红楼梦》。现在没有系统地读了，翻到哪里就读一段，跟听京戏一样。王蒙读“红楼”读得好，他说“红楼”的好处，就是无论翻开从哪一页都可以读，不是读什么故事、人物，就是文字本身的魅力。

但是冰心不读《红楼梦》，读不进去，可能对整个体系还缺少把握。她是地位很高的文化老人，实际上她的社会影响力与她本身的文化功底还是有一点距离的，《寄小读者》《繁星》《春水》，现在再看，还是浅了。

我是什么时候开始写关于《红楼梦》的文章呢？那是二十世纪九十年代了，我在《读书》杂志上发文章，主要是关于《红楼梦》。后来才了解，《读书》的编辑吴彬，也是个“红楼”迷，扬之水也是“红楼”迷。当时一年我在《读书》上要发七八篇谈《红楼梦》的文章，卷起了一个朱健说“红楼”的小旋风。听说后来有读者给读书编辑部写信，认为他们发《红楼梦》的文章太多了。我不是红学家，一成了红学家，靠它吃饭就麻烦了，我评《红楼梦》的角度也和别人不一样。

北京师范大学出版，启功主持的那一套“红楼”，有很多注解，是别的地方没有的，比一般的注引用的东西要多一些。

还有一个叫三家评本，是二十世纪八十年代上海一家出版社出的，有一些评本好，能给人启发。王蒙评“红楼”有的还可以，有的太瞎扯。他用李商隐的诗和“红楼梦”比较，这个角度非常好。《双飞翼》，三联出的，谈得比较活。前几年出的《王蒙话说红楼梦》，那就是瞎扯。

《红楼梦》我从二十八岁，读到八十八岁，读了六十年。它的启发是不自觉的，知人之明，里面很多人生的智慧在里面，文学作品给人以人生的智慧，给人以不自觉的影响。

订交彭燕郊

彭燕郊这个名字我知道得很早，读初中时就听李广田老师在课堂上说过他的诗，介绍“七月派”的诗歌。当时他的名气还不是很大，但我记住了这个名字，因为对他的诗有兴趣。到一九四九年来长沙以前，我一直没有见过他。

他的诗我看到不少，桂林时发表的诗，当时印象最深的是一首长诗，《在这边呼唤着》，悼念丘东平的，现在来看有点散，但当时对诗里的激情印象比较深。在桂林有好几个刊物，《诗创作》《诗刊》，他也编过一些图书，这些我都是在庙台子时读到的。后来呢，不知道为什么有一段时间，对他没有兴趣了，印象不好，是不是因为传闻胡风对他“风流才子”的作风有批评还是怎么的，我现在不记得了。反正有好几年，他也在重庆，我也在重庆，我从来没有想过要去找他。绿原等一些诗人，我们一见如故，这些人也没有提过他，感觉他也不是这个圈子里的人，他大约对胡风也有意见。具体原因想不起来了。

金城出版社出版的
《红楼梦我》(朱健著)

一九四九年秋天的时候，当时湖南大学的文学院办在圣修学院，我在市委宣传部工作，听说他和董每勘两个到了文学院。当时这些知识分子也没有分归谁管，我就到湖南大学文学院去看他们两个，这是第一次真正认识他们，一开始他们也不知道我是什么人。我说我是朱健呢，哎哟。这是我和他第一次真正认识，但是几乎没有什么交往。那个时候私人之间都避免来往，我一直在市委搞到一九五五年，他也一直在湖南大学教书。我只在街上见到过他一次。“反胡风”时，凡是和彭燕郊有来往的都倒了霉。

一直到“文革”结束后，二十世纪八十年代初，我到了潇影厂，接到牛汉一封信，说在编一本图书《白色花》，到处找我找不到。大约他是从彭燕郊那里知道我在长沙，这时我才听说他住在省博物馆。

我“文革”后第一次看到彭燕郊，就是彭燕郊请杜谷吃饭，这样我们的交往才越来越密切。他当时也写诗，我也写诗，我们两个的诗歌大约一起发在《诗刊》上，被编辑放到了后面，他愤愤不平，说把我们两个的诗放在后面。当时他的诗比较长，没有地方发表，他就用复写纸抄好，寄给我，有时也将原文寄给我。再到后来，他就用打印机打印出来诗稿，几乎他所有八十年代的诗都这样寄给我，好多诗都叫杨亚杰拿走了。慢慢地，我就觉得他的诗越写越好，最好的最高潮的还是二十世纪八十年代那一批。《东山魁夷》《钢琴演奏》《小泽征尔》《漂瓶》等，印象最深的是，“弹钢琴时手指像天鹅的脖子一样”，最好的还是这一些。到九十年代，写的一些长诗，说它是诗也可以，不是诗也可以。《东山魁夷》那些诗好在哪里呢？彭燕郊把握大的题材的能力，可以说中国没有人超过他，这么长的诗写得这么完整。再一个是语言，往往一开始的时候不能接受，很平常，没有什么特别、随便，如果不留心的话就滑过去了，好像大白话一样。随着他的诗的展开才能感受到他的语言之美，要沉下心来慢慢地来看，进入他的诗的境界了，就能感觉到他的语言的魅力。他的诗经得起看。所以我觉得他最好的诗是八十年代写的那些诗，一个人一生只有那么多好诗。

除了一些奇妙的比喻外，他的文字从表面上看都是很朴素的，很少雕琢，用很朴素的语言把读者带进一个诗的意境，营造一种诗的意境，看上去不费什么力，但是我们都搞不出来。表面看上去简单，回过头再看，语言真好。所以他的诗读者不是很多，也许这个也是原因。要真正有一点好的诗的感觉的读者，才能欣赏他，包括一些人写评论也没有抓到核心。

他的诗还有一个很难做到的，他涉及的领域，他的学识很广泛。音乐、电影、古典文学、字画，他都懂，彼此打通了，文化底蕴丰厚，这也是他的诗看起来不费力，但别人很难达到的原因。有一点我没跟他说过，我对他费了那么大的力介绍外国诗歌我不是很赞成。他自己不懂外语，自己不能阅读，但他满腔热情，“诗苑译林”啊，搞了很多，当然这里面也有贡献，但做为一个学者来说不能这么搞，因为他不能直接读。介绍那么多外国诗，因为他对外国诗热爱。他欣赏法国诗，我欣赏英国诗，我觉得就诗来说，还是英国诗，当然我也不懂英文。从世界比较的话，英诗的地位高，法国没有像拜伦这样的大诗人，法国诗歌花样多，派别多，跟法国人的情感是一样的，浪漫。英诗更稳定，要想办法读原文，感受一定不一样。

他的《跟亮亮谈诗》，谈现代派，我对文学上所谓这个派那个派不太感兴趣，是不搞文学的人才分的派，谁能说清楚啊，现代派是什么？诗也好小说也好，谁能讲清楚呢？评论家需要这样的概念。彭燕郊对亮亮谈诗，喜欢谈这些东西。我不太感兴趣。

彭燕郊和我，我们两个都没有当面评价过对方。有一次他告诉我：“我把《希望》杂志的第一期第二期找出来了，又把你的诗读了一遍。”也有一次张老师（彭夫人张兰馨）偶然透露了一句。我对张老师说："燕郊懂的东西真多啊。"她说："他最佩服你，不管什么东西，到了你嘴里都变成了学问。"

关于彭燕郊的诗歌，我写过一些文章，发表在一些杂志上，可能算是比较早地写他的人。我们两个在长沙，有一段时间几乎每个星期都会聚一次，要不是他过来，要不是我过去。随便地聊一聊，有时候就在他家吃饭。他的夫人张兰馨是美食家，做得一手好饭菜。

二〇〇八年年初，长沙大冰灾，非常冷。一月二十二日，彭燕郊突然打电话给我，说二十三日是英国诗人拜伦诞辰两百二十周年，他原本想找几个人聚会纪念一下，却因冰灾不能出门。我就在电话里背诵了拜伦《哀希腊》中的几句诗。没想到，这是我们最后一次联系。

我曾说彭燕郊是中国最后一位"广场诗人"。什么是广场诗人呢？就是关心政治、关心时事的诗人。他一直很关心政治，这是我们这一代诗人的特点，虽然远离政治中心，但从来没有放下过政治。彭燕郊有很典型的诗人气质，容易冲动，我们对诗人应当要包容些，包容诗人的缺点。

关于我自己

一九七六年时我六十三岁，今年我已经满九十岁了。二十七年，说起来也是一段不短的时间，差不多占了生命的三分之一，但我觉得过得很快，因为过得比较舒心适意，不像前几十年，老是有这样那样的事情找上门来，而且还不得不认真对付。这二十多年，就是看看书，写点东西，也没担任行政职务，没有什么俗务劳形，随心所欲地，很自在……

我年轻时是跟着历史潮流走，抗日、反对国民党，符合那个时代的潮流。但就我个人来说，我发现自己不喜欢也不适合搞政治。如果没有“文革”等运动的影响，很难说我会走一条什么样的道路。我二十几岁到三十多岁官运亨通，但是我不可能当太大的官。我从来不拍领导的马屁，也从来没有想过要做更大的官。但对于政治，我也还有几句话要说。

有的人说，年轻人要远离政治，本身这就句话就是政治，这个事情就是一种政治。政治其实就是你日常生活里重要的一个内容。政治就是要把各种各样的利益分配、交换、平衡，就做这个事，政治最基本的事情就是利益。政治这个词，它还有广义的意思，政治、政治家、政客还是不一样的。年轻人顺其自然，你愿意做什么就做什么，每个人情况不同。恐怕第一个还是认识自己，认识自己的长处、短处，大体知道自己的优点、缺点。一个人有什么长处、短处，用心想一想可以认识，但优点和缺点不一样，看起来是优点也许却是缺点，不是一回事。比如我的长处在搞文化的工作，短处是不会搞勾心斗角这些事，没兴趣。但是我搞政治也能搞好，因为我的优点是做什么都有兴趣。远离政治是不可能的，你不找它，它会找你。也不要害怕政治，你怕它做什么呢？你怕它它就不来了么？这不是你能决定的。我倒是建议年轻人要懂一点政治生活，要有一点政治智慧，不要太天真，要懂得保护自己。

我这一辈子算个总账，我成文化人了。

我根本没费过什么力，完全是好玩。算起总账来，要是我有什么贡献的话，一个是编《辞源》，一个是写诗，沾了胡风的光。二十世纪要说中国的诗，一定要谈他，我可以说是无意中得之。但是我费了很多力，甚至冒着生命危险，到最后究竟做了什么事？我现在都说不上什么来，但是我谈文学能谈出很多兴趣，这是个很大的矛盾。现在回忆起来，我就想，为什么那么多年跟那么多半吊子二百五混在一起了？但当时真是全身心投入。历史到底怎么评价？不光我一个人，成千上万的优秀中国知识分子都是走的这条路。这不是我个人的遭遇问题，还是个历史要回答的问题。

历史将如何回答？恐怕很复杂。我们这一代中国知识分子的命运，特别是一九四九年来的命运，虽然每一个人的命运不一样，但大体上都经历了大的震荡，这个问题要怎么看？这也许和中国传统的士大夫文化，和“士”在中国社会的传统地位有关系。中国不像西方有独立的知识分子，中国传统的知识分子大多数都是作官的、当官的，大知识分子当大官，士几乎没有独立过，这个现象从历史上来说很难说是好还是不好，好与不好有什么标准呢？我觉得没有，这是一个客观存在。但值得重视的是，四大文明古国里，中华文明是世界上唯一持续到今天的文明，文化传统保持的国家只有中国，几千年延续。我觉得这和中国“士”的地位有关系，在制度上有保障，文化才有传承。

中国的知识分子很关心国家的命运，这也是一大传统。现在看起来知识界“左派”“右派”啊很热闹，但事实上中国的“中间派”永远是大多数。像扬之水这样的学者就不管其他的事，就安下心来搞她的中国文化研究。其实真正要为国家做出贡献的就是这些人，不是那些咋咋呼呼、夸夸其谈的人，最上面的一层是泡沫，但水的力量在下面。

我们这一代人主要是在抗战中成长起来的，战争让我们成熟。那时候我们还是小学生，抗战学生后来吃不饱饭，对国民党不满，物价一涨，越吃越差，最后每天吃两餐稀饭，饿得起来闹革命，因此抗战中很容易接受共产党宣传的那一套。我所在的罗江四分校这个环境又特殊一些。年轻时的大氛围影响了我们，接受共产党，抗日最坚决，又接受了民主的观念，用民主的口号反对国民党。

其实我们这一代人也处于一种新旧激烈交替的过程中。“五四”运动之后，大家可以自由恋爱，我和我老伴根本没有想到要办结婚手续，要搞仪式。“五四”可以说是把整个中国传统的东西都打乱了，我们这个年纪可以说是进入了“后五四时代”，从小学开始就接受这一套，“五四”对整个社会的影响非常大。

鲁迅先生对于我们这一代人的影响是很大的。我们读小学读中学的时候，他的文章已经进入了小学中学课本，中华书局都出了活页文选，老师可以拿到课堂上发给我们，做课外的读物，在课堂上教。我最早看到鲁迅先生的作品，是在一个小镇上。大约一九三〇、一九三一年，有人开了个小书店，就在书店门口摆了个小书摊，小书摊上就有《呐喊》这本书，紫红色的封皮，不大。我也不知道是什么书，这个人看样子也不是想卖书，可能是个传播新文化的志愿者，他们将这个做为一种责任，自觉地到处传播，当时我只记得这本书的这个名字。“西安事变”蒋介石被释放以后，老师带着我们上街游行庆祝，我看到街上不知什么人出的墙报上，没有多大一张纸，其中就有一个消息，报道鲁迅什么时候去世了。那时鲁迅已死了两个月了，这说明他的影响不仅仅是在高端的文化人里面，他在普通的知识分子、中小学的老师里都有影响，把他去世当成一件重要的事情。这也说明鲁迅的影响渗透得很深了。

对我来说真正受到他的影响是因为李广田。在罗江国立六中，李广田在课堂上讲整本的《阿Q正传》，我就买了一本《鲁迅杂感集》，很厚。我父亲读大学的时候听过鲁迅先生的课，但对他影响不大。《鲁迅杂感集》是我自己主动读鲁迅的书最早的一本，影响最大的是答徐懋庸那一封信。他里面讲了不少故事，而且知道了很多人，胡风、巴金、周扬、果戈理。从那时开始，我只要看到鲁迅的文章和图书必读，但真正大量地读还是后来。二十世纪三十年代出的《鲁迅全集》，二十本，硬面，红封皮，许广平主持下出的，这一套书还要预约，一百块光洋一套。赵光白把这一套书送给我了，还有一套《约翰·克里斯朵夫》，可惜这些书后来不知弄到哪里去了。

鲁迅的文章风格是学不来的，因为他懂的东西太多了，文章要写好，要靠真正的文化底蕴，这是一个学养问题，不是一个技巧问题。出这样的文化大家，和时代有关系，什么样的时代有什么样的人物，时代可以扼杀天才，但扼杀天才的时代里冒出来的天才，是真正不得了的。

现在我对社会还是满意的，因为有对比，因为它向好的方面变化。“文革”以前，共产党的风气还是比较好的。五十年代，社会风气也比较纯朴、舒服，一般的同志之间勾心斗角比较少，不要用什么心思，也没有觉得谁在背后搞我。“文革”后就差得太远了。

中国现在也是过渡期，但比过去好多了，因为有比较。十年以前这样的说法都不行。现在网络很厉害，我二〇〇二年就开始上网。原来我总觉得电脑很神秘，我根本学不会，二〇〇一年的时候在广州我女儿那里外孙有个电脑，我叫他教我，一学我觉得很简单了，回来就买了一个，补充了跟社会接触的东西，从网上知道很多平面媒体接触不到的东西。

现在整个社会传统的道德观念崩溃了，新的道德观念还没有建立，还没有形成，这是一个过程。用媒体的话说，就是处在一个转型时期。其实这样的时候往往也是比较活跃、比较有生机的时候。前几年，我一直想要做一个研究，做一件事情。我一直在想，从鸦片战争之后的上百年间，中国的思想界百家争鸣，比春秋战国时期更丰富。春秋战国那是内部的争鸣，明末清初开始，就有外来文化介入，争鸣的内容更丰富，影响更大。这一点上和六朝相近，是佛教大量地进入，三教合一，到晚清民初就加了西方外来文化的介入，更精彩。鸦片战争到“五四”之前，这一段的思想史、文化史、学术史的丰富复杂，不逊于春秋战国。现在我看到有人提到这个问题，但还没有真正展开来做，没有宏观地总结出来。没有这个阶段的百家争鸣，就不会有“五四”。怎么会突然出来一个“五四”？因为前

一九八〇年，在潇影厂的朱健

面有铺垫了。鸦片战争特别是太平天国以后，思想就非常活跃了。

这个要能概括地搞出来很难，现在我是没有精力了，要不我就想搞这一段。这个领域学问大了，要做透彻的深入的研究，这比研究探讨“五四”运动更丰富。“五四”现在研究有人简单化，认为是新文化运动，其实不是那么简单，研究它要放在更大的背景下。但做这个研究不容易，要下真功夫，要坐下来认真梳理思考，现在很多人比较浮躁。

如果离开了绝大多数普通老百姓的现实生活来谈某一个人的希望，未来，就是空话，空谈。我现在年纪大了，和社会接触少了，更是如此。我只能从自己的生活体验来说，从自己生活的这个大院的变化，周围朋友的变化来说。中国现在是最稳定的时候，这个国家慢慢地搞下去，再也不要搞激进，会越来越好。中国最怕激进，这成为共识。中国近百年来很多仁人志士流血牺牲，要改变千百万人的命运，而成效不大，就是因为激进。现在看来，激进不会被很多人接受，中国中间阶层比重大，这就好办了。

中国是个有着自己特殊国情的国家，不能照搬套用西方的政治制度文明，中国有自己的道路，中国特色的，就是有中国传统的。前几年西方民主自由喊得很响，但现在人们也慢慢看到它的弊端了，中国必须实事求是，走自己的道路。

附　录

朱健先生

周　实

我是再也找不到他给我的那封信了。我在家里翻箱倒柜不知翻了多少次了不知倒了多少次了。隔一段时间翻一次，隔一段时间倒一次，希望能够发现它，结果每次都徒劳。我为什么这样痴迷？越是找不到，越是想找到。很久之前，有一次，我意外地看见它，心想我要收好它，不料那一收，它就不见了。有些东西，就这样，你不收，它还好，它还在那里，你还可能看见它，就像稼轩词里说的，“蓦然回首，那人却在灯火阑珊处”。它在哪个“阑珊处”呢？站在书房里，我看着书柜，这样问自己。

那是一九八三年，我写完了《小石头》，并且将它发表在大型丛刊《江南》上。好友杨铁原将它拿回家（周实注：杨铁原，一九五一年生，曾任《湖南日报》编委、《三湘都市报》副总编辑等职，有著作《边写边掐》等），给他父亲朱健看（周实注：朱健，原名杨镇畿、杨竹剑，一九二三年生，山东郓城人，“七月派”诗人）。于是，我就收到了他给我的那封信。那信是用毛笔写的，写了好几页。开头是夸奖，然后是不足，探讨长篇叙事诗，如何叙得有诗意，怎样抒得有情思，还有节制和含蓄是要特别讲究的。这些问题，我后来，一直都在思考着，一直思考到现在，也不敢说想清了。艺术是很微妙的，不到微妙处，很难说得清，到了微妙处，也难说得清。艺术多的是感受，那感受在你心里，你能看见它，却难捉到它。

创办《书屋》时，我向他约稿，已是一九九五年了，离他给我的那封信，那封找不到的信，已经过去十二年，他也从一个老诗人演变成了《读书》的作者。既然他能给《读书》撰文，当然也可给《书屋》供稿。他的稿很快就来了——《人生荒原迷津渡——秦可卿生死谜》，发在《书屋》的创刊号上。八月份，刊物刚出来，他的信也跟来了：

周实同志：

刊已大体浏览一过。总体而言，至少应当说起点不低，因而为你高兴，向你祝贺，也道声辛苦！办好一个真正益时益世又有文化积累之功的刊物，是值得付出全副性命的，好自为之，善自为之！

范用（周实注：范用，一九二三—二〇一〇，原三联书店总经理，中国著名出版家）是一座“宝山”，但他清脱超逸，很难启动。我精力日衰，否则，我和老妻都可为你做“说客”，到北京住在他家劝他大开“山门”。你先动请戴文葆先生试试。林贤治处，你写封信去。他也有一批高妙写手（比如筱敏以及山西谢泳等）。另，请寄一本给宁夏人民出版社的罗飞（周实注：筱敏，原名袁小敏，一九五五年生，广东东莞人，诗人，散文家，有著作《幸存者手记》等。谢泳，一九六一年生，山西榆次人，现为厦门大学人文学院教授，有著作《逝去的年代》等。罗飞，“七月派”诗人，曾因“胡风案”遭迫害，平反后为宁夏人民出版社编审）。

杂志要杂。现不够杂。文、史、哲、经、社等等要搜罗人才。

附来小序一篇以供补白。“黄金屋”恐怕难用“黄金乃是书”可道其精神。如能写成短文，容后寄来。

匆匆即候

时绥！

杨

八、二十

此后，每隔一段时间，就能收到他的文字，不是谈稿子，就是转稿子，反正都是《书屋》的稿子：

周实同志：

北京倪子明（周实注：倪子明，一九一九—二〇一〇，原三联书店总编辑，一九七八年，曾与范用、陈翰伯、陈原等同志一起突破思想禁锢，酝酿筹备创办《读书》杂志，开创了“读书无禁区”的先河）转来谷林先生一文，呈上，请酌处之（周实注：谷林，原名劳祖德，一九一九—二〇〇九，一个地道的读书人）。近如有暇，最好即时复他们两位一信。寄倪子明处即可。谷林胃癌手术后能执笔作文，真难为他了……

周实同志：

绿原寄来一文，请酌处，并请直接与他联系（周实注：绿原，一九二二—二〇〇九，湖北黄陂人，作家、诗人、翻译家、编辑家，有《绿原文集》六卷行世）。

《水浒》题目，作文三篇，第一篇《芙蓉》要去了。第二篇《梁山秀才的故事》正在写，成后，当寄上。第三篇《没有女人的世界》。

《书屋》五期似乎又上了一个台阶。可喜……

周实同志：

原校已颇细，然“校雠”如“扫叶”，前人苦之久矣。略添几处，多属原稿明显笔误或词语不当者。近水楼台，此即佳处。外地编辑，怜老恤贫，往往明显有错，也原文照刊。自己事后发现，“马后炮”也无从射出，羞煞人也。

附上一稿，是炒陶渊明和他外祖父孟嘉的。另正在写《子虚乌有“龙禁尉”》，为“荒原”之二。可能比较枯涩。大概还要写之三，甚至之四。还准备写篇“舌人（周实注：古代翻译官）、胡人、洋人”，批判“土包子”硬充“假洋鬼子”，可能有麻烦，准备给《读书》……

周实同志：

读彭见明文后，非常不安，因其有损《书屋》声名（周实注：彭见明，一九五三年生，湖南平江人，有著作《那山那人那狗》等）。盖“方言”之学，非常专业，不是想当然的事。文中所列“平江方言”，绝大多数是“普通话”，或山东话、长沙话。有的则是彭君自己未看懂，如“乔张致”，便发议论。这样，即给读者以编辑不严谨的印象。所以，应想法补救为妥……

周实同志：

此文如不合用，请即告我，以便另行处理。我拟再写一二文来，“专栏”便可应付一阵了。如编务上有困难，不“专”也无碍，唯请将不用文章及时告我。

近接北京友人电话，舒芜身体状况不佳。请你认真审读前文，凡“刺激”性文字，酌予删除（周实注：舒芜，一九二二—二〇〇九，安徽桐城人，中国现代作家、文学评论家）。我这个人见不得别人的不幸，也许可说“心太软”吧，所以终生不成气候，干不得大事……

周实同志：

今夏水深火热，老朽总算活过来了。未知尚能再活下去否。此文则希望在《书屋》先发一次。

吴泽顺先生来信希望再写一点，务请代为解释，我非“职业写手”，只能心血来潮，即兴作文，否则，苦不堪言，千祈谅解（周实注：吴泽顺，一九五五年生，湖南华容人，时为岳麓书社副社长，现任浙江师范大学人文学院院长。当时，该社正拟出老先生的《逍遥读红楼》）。现在想写一篇王蒙“红学”的文章，此君常匪夷所思成精彩之论，一旦要学者化，便俗不可耐，盖其尚在“化”的过程中也。他去年出了本《双飞翼》，把李义山和红楼扯在一块，颇有意思。我正重翻。不知写得成否。写成，也不过二三千字。便中过东塘时，盼来一叙（周实注：王蒙，一九三四年生于北京，河北南皮人，祖籍河北沧州，著名作家、文化部原部长、中国作协原副主席，中共第十二届、十三届中央委员，第八、九、十届全国政协常委）……

周实同志：

此文与《书屋》有关，结尾并引了陈村之言，也许你有兴趣（周实注：陈村，原名杨遗华，一九五四年生，上海人，有著作《陈村文集》四卷等）。

但太“专门”化了。原来写的更枯燥，改了几次，仍不如意。不知看得下去否？

近日心绪不宁，谨先奉请审阅……

周实同志：

向你推荐一位作者。老友之子，其父搞文学（张春桥的同学），其母数学教授，大学读哲学，教了几年马列后又成了经济学硕士（其妹也是硕士），去年“转业”到省财政厅当办公室主任了。家学渊源，知识面广，乐道而不安贫，山东有个刊物《青年思想家》，相当活跃，为作者之一。大概比你小几岁。《书屋》除文史等外，应尽量包容一切人文学科（政、经、哲、社、心等等），当然不容易，但可注意逐步形成作者队伍。编辑部似应物色一盒“万金油”。这篇文章，我除了知道哈耶克之名外，其他则莫名其妙，你们几位大概也难说个所以然。当然可以从刊物需要的角度提出修删意见供作者参考……

今天重读他的这些写在各种纸上的短信（大都写在一些用过再裁成小片的纸的背面），我的心里的感觉是：他何止是《书屋》的作者，简直就是《书屋》的编辑。

不编《书屋》后，我写了《刀俎》，发在《芙蓉》《创作》上。他看了之后，用书信的形式，写了一篇精短的评论。他知这是他对我最好的安慰和鼓励。我也给他回了一信，并将两信作为跋，收在了《刀俎》的初版中：

周实同志：

多时未见，起居定必佳胜，为颂。《芙蓉》今年第三期刊发大作《刀俎之间》系列短篇十题，文前巨照为尊容摄神传影，挺有意思。看来足下一仍边幅不谨，囚首垢面谈诗书状态未改。然鬓颊添些沧桑，眉宇多点沉静，嘴角眼梢颇见冷眼向洋的味道了。不过照片是不会说话的，表情亦早成定格，我这般说多半是读毕大作的瞎揣摩而已。情由文生，兴缘事发，还是说几句关于《刀俎之间》故事新编的读后感吧。近年衰朽益甚，阅读范围几乎仅限于熟人文章。相晤也难，读毕，随便说几句不着纲线的话，权代促膝之趣。

坦率言之，大作读来，时不时心惊肉跳，血压升高，一丝儿“审美愉悦”也生发不出，以致掩卷废书者再三再四。心里则颠三倒四，不断嘀咕：“这个周实！这个周实！”嘀咕时并不明白到底在嘀咕些什么。而今想来，大凡嘀咕莫非一种情绪，很难说清是什么意思，因其本未构成意思。事后追溯嘀咕“这个周实”大概是指：此君不知出于何种用心，多半是囚首垢面谈诗书走火入魔爆出不能自已的冲动，于是奋笔疾书抄出这么一份列祖列宗治大国若烹小鲜调和鼎鼐的——什么呢？既然与烹调鼎鼐相关，全文又以“刀俎之间”统名，那就无妨称为现下风行人间的“菜单”。况且庖厨之内，刀俎之间，所得产品，当然应列入“菜单”。周实抄出的“菜单”，共十一品。举凡人彘、鸩、绫、族、炮烙、定杀、腰斩、宫、凌迟、镮、殛，皆在单中。“这个周实”似乎生怕今人不识古时菜，乃先列刀俎操作技法。为避烦琐，仅举“人彘”一菜为例：“此刑俗称人猪，先以哑药灌哑人喉，次以聋药熏聋人耳，再剜双目，复剁四肢，使人犯只剩下一段肉身，求生不得，求死不能。”按：周实于技法说明未尽，还有把这段肉身“使居厕中”一招，否则便不成其为“猪”矣。但“求生不得，求死不能”八字评，已把全部“菜单”精髓传尽：人对人的肉体虐杀伴以精神虐杀，比简单的肉体虐杀更残忍，是人性之恶淋漓尽致的宣泄和张扬。由是言之，故事新编《刀俎之间》，审恶之作也。既然是审，就必须直面着恶。所以“这个周实”要开出“人彘戚夫人”“酒鸩甄皇后”“腰斩李斯”“车裂商鞅”“凌迟袁崇焕”“炮烙朱高煦”“定杀屈原”“殛鲧”“宫司马迁”加一个灭十族方孝孺的有女有男有文有武十全大补“人肉筵席”。可谓食不厌精，脍不厌细，美食美器，洋洋大观。又，既然是审，就不可感情（或感想）代替政策，应是脸不变色心不跳，做冷面杀手相，指点席面，激扬文字，甚至来点黑色幽默式酷评。比如“腰斩李斯”，评曰“用铡刀将人犯从腰部斩杀，使之均匀地一分为二，俗称一刀两断”；言简意赅，颇能传神。愚意似可做“一刀两段”，如切红白萝卜或大葱辣椒，方见干净利落。又如“人彘戚夫人”，有评曰“昏死了的戚，剥了个干净，再次掷在香案上……戚的胴体真是美呀！”读此语，竟忘乎所以，想为周实加上一句“像脆皮乳猪”一饷我一脔，分我杯羹，馋诞滴而食指动矣。冷面杀手甜言蜜语和黑色幽默妩媚多情，打造出变化无序的语言魔方，有时足以把“审恶”提升抽象成“审美”，所以世间遂有波特莱尔培育出的“恶之华”了。

应当声明：周实“审恶”水准难望波特莱尔项背。读两位之诗，可知。我这里仅在说“这个周实”审古人之恶，审来审去似乎把今人之我也糊里糊涂审进去了。看来，审恶提升抽象成审美犹如陷阱，阅读时心神迷乱之际，那些平日深藏不露、未曾料想和不敢承认又的确属于自身的人性之恶，莫名其妙地被诱发出来：原来自己不仅是“人肉筵席”上的消极看客，一旦时机成熟，条件具备，也会食指大动，兴会淋漓，有福同享。一想到这里，能不心惊肉跳血压升高乎？

接下去，自然会想到鲁迅先生的《狂人日记》。一则，“人肉筵席”这样的意象，智商低下、识见浅陋如我，是绝对想不出的。二则，足下故事新编“菜单”，前贤狂人，可能在古久先生簿子字里行间已有发现，故而精神传承，似有脉络可寻。鲁迅先生自称所作“忧愤深广”，菁华所系，乃千古绝唱“吃人”两字，实指人对人的精神虐杀。这种从“审恶”到“审美”的升华，既惊世骇俗于当日，亦流风余响及今时。只是狂人之作在一九一八年四月，霜浸雪渐，已如隔世，狂人已然古人。今有贤者，或斥之为“偏激”，或目之为“过时”。隔世即是隔山隔水，语音有讹心性难通，不必强求。但在我看来，发之于历史深层、出之于巨人心胸的呐喊，其警醒的力量，恐怕无所谓偏激与否，更是不会过时的。或不以为然，就请打开电脑，连接网络，随点击声声而至的“菜单”上，未必不会出现或古久先生簿中所载，或足下故事新编曾有，一二花色品种，遵古炮制，家常土菜；只不过一番高精尖包装，酷毙帅呆，以致芸芸网虫，沉浸其中，懒得识辨罢了。八十年前狂人一问：“没有吃过人的孩子，或者还有?”没有调查研究就没有发言权，不知如何回答。穿透历史隧洞的一声呼喊：“救救孩子……”也许真的“过时”——谢天谢地，但愿如此。

老朽妄诞，越扯越远，必大违尊作远旨高义。冒渎之处，祈能谅察。桃李杯酒，江湖十年，余意难宣，珍重，珍重。

朱 健

辛巳夏至，苦雨成秋之际

朱健先生：

您好。信收到。见信如晤这句话，真是一点也不假。我仿佛看见您如何动笔，如何说话，如何写了几句之后，又回过头来改一下。这使我想起十八年前，我写了长诗《小石头》，铁原兄拿回去给您看，您给我写的那封长信。您对晚辈的这份厚爱，真是使人难以忘怀。

您确是宝刀不老呀！

面对您的这封信，我一口气看了两遍。我想我应回一封信，而且绝对不能马虎。不过，什么口吻合适，却又有点拿不太准。虽然论文可以忘年，但您毕竟还是长辈。犹豫再三，抽烟两根，望着袅袅升起的烟圈，觉得还是平实为好，但愿不至于使您失望。

这些年以来，我一直希望自己能够写得好些，完成每日的工作之后，业余时间除了看书，总是尽力多动动笔。然而，每每落笔的时候，却又觉得才华不够。当然，也不愿意罢笔，不愿意自己放弃自己。于是，只好垂死挣扎。挣扎的结果也就是后来写的一些东西，自然，也包括《刀俎之间》。

《刀俎之间》真的使您感到“心惊肉跳”么？如果真是这样的话，我自忖也就没有辜负您对我的期望了。正如您所说，我的心里面，千百年来的皇权统治，就像一个大厨房，专制之刀的锋利，愚民之俎的厚大，人肉之宴的丰盛，恰如流水席一般，一拨一拨的人来了，梦游似地拿起筷子，吃完后，抹抹嘴，拍拍屁股道个别，一个个的满脸油光。这样的食客会记菜单？想来大概不会的，事实上他们也不记，而且大都记性很差，即使吃的是各种名菜！至于那些做菜的人，那些开出菜单的人，历来总是为自己的精明，自己的强悍，而窃笑，甚至洋洋得意的。

想想都有点令人心寒。

我做的只是发掘工作，将这些菜单稍稍整理，然后举起来，抖一抖，使它发出一点声响，以期引起大家的注意。

我想就目前的情况而言，我也只能做这一点。

我明白我写的这些人事，谁都不会愿意看的，谁看了都会心里难受，谁也不愿将这些人事装在自己的脑子里面。那么，为何还要写？这事若往细里说，似乎真还不好说了。

我只能说我说不出来，我只能说是性格使然，我只能说我就是想和所谓忘性过不去。借用中国一句老话：当局者迷，旁观者清。一个人只要活在世上，恐怕他就无法旁观，哪怕他想使自己旁观，他也是在以旁观的身份参与他所旁观的人事。这样说有点绕口令了。还是这样表述好些：一个无法旁观的人，一个身处局中的人，做事往往都凭直觉，很难有什么理性可言，即使这个人认为自己比世人都要理性十足。

我就是一个这样的人：一个自以为很有理性，做起来却凭直觉的人。

写这一组《刀俎之间》，凭的就是一股冲动。很多时候的情形是：一股气提上来，笔却久久地落不下去，落下去时也显得生涩。我觉得我这个活着的人应该写写古人之死，应该写写专制之刀是如何花样百出地扼杀生来自由的灵魂，应该写写我们人类这个自视极高的物种这个要统治地球的物种这个要走向宇宙的物种这个创造出那么多音乐那么多名画那么多舞蹈的物种是如何自以为是地将同类悲惨地置于死地。

我担心的是写不好。

我写这些东西的时候，压根就未想过鲁迅，更未想过波特莱尔。我想的只是我自己和我眼前浮现的情形。我感叹皇权统治的稳定，惊讶人生的变幻莫测，痛惜个体生命的脆弱。这种感叹，惊讶，痛惜，我身边的许多人大都是不往心里去的，顶多也就是唉呀一声，然后又继续匆匆忙忙过着自己习惯的生活，而我却很往心里去。

我写的只是我的心。

我不写故事，也不写人物，如果我写了，那是我的心。

善也罢，恶也罢，都是我的心。

我的心是怎样的呢？既然已经在谈文学，还是不离文学吧，我写了这么一首诗：

看了这么多小说
心里难过
读了这么多诗歌
心里难过
平凡而又新鲜的文字
质朴而又绚烂的美人
全都无声地坠落尘埃
剩下的只是一些虚华
在骄阳阴雨里生长开花

诗如何？不敢说。尤其是在您面前。“七月派”

的诗人诗歌，总是令我遐想动心。

当代小说于我来说，我以为最为重要的是落笔要有现实感。有了现实感，无论写什么，小说都有当代性。如果缺乏现实感，哪怕写的是眼前人事，也会使人觉得遥远。

中华几千年的文明于我辈确是遥远的。用我辈的目光回望历史，我常生出一种幻觉：我仿佛看见缥缈的目光，穿越幽深的时空隧道，钻入那些尘封的往事，然后与扬尘合在一起，形成那么一种象征。这象征能给人很多意味。这些意味是无法说的，只有那些敏感的心灵才能默默地深切感受。

刀俎之间，路将如何？人曰：不归。

遥想那些不归的灵魂，我写下这组《刀俎之间》，记下刀俎的丰功伟绩。

刀俎的功绩如此辉煌，吾辈儿孙岂能淡忘？

周实敬上

二〇〇一年六月二十八日

再后来，就是二〇〇八年了。十月份，他出版了《朱健诗选》。恰恰就在那个月，我的右手不慎骨折，但我还是用左手在电脑上敲下了下面这点当时的感受：

《朱健诗选》出版了，我是应该说一说的。

可是，我该怎样说呢？说他的诗，说他的人，说他的诗与人的关系？

这本诗选初编定时，我曾看过电子版，当时若是落笔的话，肯定能对很多诗说出自己即兴的感受。现在再来写，肯定不同了。此一时也，彼一时也，就是这样的感觉吧。

如果不出这本诗选，我想我们只能看到朱健先生早年的诗，也就是那本《骆驼和星》所选载的那些诗。那些诗是很美的，也是非常耐读的，比如，一九四三年写的《夜》：

夜是一座大门
太阳被强拉进去
——关上门了

我用眼睛扪索着
黑色门板的
无数颗铜钉
和一只银色的圆锁
我失去了……

拿一张银色的弹弓
和一条红漆的手杖
荷包沉重的
挂在腰间

我开始出发

去寻找一件心爱的东西

……

诗很长，有五节。而，一九四四年所写的那首奇异的《骆驼和星》，那就更长了，一口气二百五十多行，这里引第一小节：

昨夜，在干涸了的河底聚会

一位诗人说了一个沙漠的童话

十万年前

沙漠是一片跳跃着波浪的大海

像一座绿色的洞穴

那里住着无数绿色肌肤的美男子

在多星的夜里

他们自海底跃出

赤裸了全身，披散着头发

唱着歌

互相抛掷着浪花

宏亮的合唱

摇动了天空

星星们思凡了

一个一个摇摇欲坠

……

都是很浪漫的诗，都是充满了激情的诗，年轻的诗人年轻的诗，至今读来不老的诗。我读这些诗，我很羡慕他，羡慕他的奇思妙想。

朱健先生后来的诗，较之这些，当然不同，但有一首，可算异数，可惜只有一些片断，数数一共八十七行，诗题《上帝死去之后》，写于一九八九年：

是谁在呼唤我？我在哪里？
是我在呼唤我？我在哪里？
我在天上翱翔？还是在泥淖中翻滚喘息？
我是镶着银边的乌云？还是沉默的岩石？
是冻僵的火焰？还是窒息在冰窟的鱼？
是受伤的狼？羽毛脱落的鹰？
还是逃出陷阱的狡猾的老狐狸？
冬天却展示夏日绿荫，夏天又坚冰凌厉，
我是在什么季节？是日全食的中午？还是
冷雾凄凄的子夜？
我是未开的花骨朵？还是早熟干裂的浆果？
是狂饮同类鲜血的兽？还是温顺的天使？
我是云，是那块低垂的雨积云——
我找到了自己。
……

我很喜欢这首诗，虽然只有一些片断，因为我在这首诗里又看到了二十世纪四十年代的那个朱健。

六十多年前，在那个夜里，朱健先生出发了，去寻找他心爱的东西，不知他是否找到了？也许已经找到了，也许还是没找到，也许找到了却又丢失了，也许虽然丢失了却又失而复得了？但他曾经找到了自己，或者希望找到自己，则是毫无疑义的。

活在这个人世上，难的就是找到自己，同时能够保持自己。

我把感受发给铁原，他回复告诉我：你的眼睛真有毒。书在审稿时，独独《上帝死去之后》被审稿人抽掉了。

二〇一一年，某次饭局时，我和铁原又见面了。虽然同住一个城市，由于各人忙各人的，见面好像也不容易。他从口袋里，掏出一本书，递给我，说是老爷子新出的，书名《野坡散记》四字勾起我的好多回忆。晚上，靠在床上翻阅，又记下了一点文字：

> 朱健先生是我朋友铁原兄的老父亲，也是我的老朋友。之所以这样说，一是因为他是父辈（文学上也是老前辈，“七月派”的老诗人），二是他一直对我好（试想哪天我犯了错，我想他也对我好的）。
>
> 你怎么能这样说呢？有人也许会这样质问我：对你好不好就是标准了？我说那当然。一个人对一个人如何看怎么样，最能表现他的立场他的观点以

及是非爱憎标准。物以类聚，人以群分，就是这个意思吧。

我与朱健群分类聚（为了说的方便些，省去先生两个字），主要还是都爱读书（当然，同时还有写作）。记得那年我将拙著《性比天高》初稿送他，请他看看，拿捏，评定，他看后打电话要我看看尼采的《查拉图斯特拉如是说》。我说好，去买了，看了前面一部分，我想我就知道了他要我看的意思了。我感受了尼采的激情，也感受了他的激情，我感受到热的血那么样的轰隆隆（他对拙作如何看，喜欢不喜欢，那是另外一回事了）。

朱健是有激情的，老了，还是有激情。无论他在写什么，不管他是如何写，在我看来都是诗，朱健终归是个诗人。我喜欢他写的诗，尤其年轻时候的，那时的他，那样年轻，面容清瘦，轮廓分明，想象那样新颖奇崛，那样大胆，那样单纯，那是多么美好的心。

朱健晚年多写随笔，而且写得颇具韵味，也是他的个性使然。比如这本《野坡散记》，新朋、旧友、《红楼》、《水浒》、“左派”、“右派”、逸闻、时事，兴趣盎然，一一道来，哪里见得半点老态？整个一个年轻态！他于诸多琐碎之中展示出了我们平常所不注意的那些平常，细心仿佛与生俱来，耐心也仿佛与生俱来（我们可以编很多故事，我们可以写很多故事，但我们常忽略我们的平常，特别是平常中的内心，我们缺乏细心和耐心）。

我喜欢朱健，喜欢他的这些特质。

野坡在我的印象中，位于长沙的东南角，是一个很陡很陡的大坡。十二三岁时，曾因为出身，变成“狗崽子”，只好靠推板车谋饭。记得我曾推过那坡。那是一个滚烫的夏天。汗珠一粒粒，从头上滴下，滴到沥青马路上，滋地一声就化了。

（周实，湖南长沙人，《书屋》杂志原主编）

后　记

做一个挺拔的人

肖　欣

一

长沙城东，沿东塘立交桥下一处小斜坡往上走一段，再右拐，就到了潇湘电影制片厂的老院子里。

朱健先生的家就在这座老院子里。从二〇一一年二月开始，我几乎每个星期天上午都去先生家报到。上午九点半到十一点，老先生坐在里屋他那把大大的按摩椅上，和我讲他的故事。

先生精神颇好，能坐在椅子上和我连续聊上两三个小时，腰杆还挺得笔直。只是听力不太好，我们两个人说是聊天，其实差不多是扯开嗓子在喊。这本书里所记下的先生的这些故事，就是面对面地听他喊出来的。

先生记忆力不错，虽然他也常常遗憾地面对我的问题摇摇头："不记得了。"但有时，他又会笑眯眯地补充一句，告诉我可以去看他写的这篇那篇文章，或者起身，从书架上抽出一本书递过来。口述史里很多关于先生的文字资料，就是这样慢慢从小屋子的书架上淘出来的。

我特别喜欢听朱健先生说起他的童年，说起山东郓城的那个叫杨村的小村庄。我的脑海里总是出现一个非常清秀、俊美的小男孩，在高粱地里跑来跑去；坐在大庙的四大金刚像下面，咿咿呀呀地背"人之初，性本善"；或者躲进村口大槐树的树洞里，和小伙伴们玩捉迷藏。

先生离家很早，后来只回过一次家，湖南是他的第二故乡。我有时会想，命运真是奇妙，它要拐过多少道弯，淌过多少条河，才让我有缘和这位年过九旬、祖籍山东的老先生面对面，听他津津有味地回忆起遥远的童年呢？人生若有初见，我真愿做先生童年的玩伴，和他一起打着用猪蹄角做成的灯笼，在大院子里疯玩疯闹地过大年；真愿做先生千里流亡的学友，和他一起日行百里，过黄河下巴山，一路向西、出塞……

因为种种琐碎事务的羁绊，这场口述记录从二〇一一年的冬天，一直持续到了第二年的冬天。在先生的小屋子里，我听到过窗外树上夏蝉的鸣叫，见过门前小花园里春天粉红的蔷薇盛开，斜坡上探出墙头的石榴花由盛而衰，满壁的爬山虎黄了又绿，绿了又黄。每次走进走出小屋子，先生所讲的遥远的人与事在脑海中晃来荡去，我总觉得在密密的时光隧道里走了一回，眼前四季景物的变化似乎也格外惊心，也格外令我安然。

朱健先生爱笑，他的笑声在小屋子里四处散开，落在他身后那些发黄的图书里，墙头挂着的汉代拓片画卷里，还有壁上几笔俏俏舒展的兰草叶片上。他的笑声，还会飘到窗外玉兰树的枝头停留一会，呼地一下飞远。这样的恍惚间，我常会觉得还有一个人也在这个小屋子里，和我一样静静地坐在先生对面，听着先生的回忆，一起微笑着，感慨着，想象着。也许，那就是跟随每个人的岁月的影子，唯有强大而旺盛的回忆，能赋予它血肉与灵魂，令它复活。

从此岁月这两个字，我不敢轻易就拿来故作怅惘，动辄感慨。在小屋子里，在先生喊出的那些热腾腾的往事里，在老人孩童般的笑容与发亮的眼神里，我第一次细微地感触到，飞鸟般的时光，就落脚在我的眼前。

朱健先生不满二十即以长诗《骆驼和星》获得胡风青睐，成为颇受瞩目的青年诗人。新中国成立后，本来仕途顺利的他又因胡风获罪，经历了一系列政治运动的折磨。晚年时，他终于回归自我，回归文化。

现在，年过九旬的他依然思维活跃，常常上网浏览天下大事，绝不故步自封。采访先生时，我们常谈到知识界热门的各派思潮，先生轻轻一句：历来就有左右之争，但无论“左派”“右派”，中间派总是大多数。如此大实话轻轻一点，颇觉意味深长。先生看问题又有与常人不同的角度与观点，谈到“文革”，谈到知识分子的命运，先生都有叫人意外的观点，叫人耳目一新。

朱健先生本身就是一部活生生的中国近百年历史的个人档案，有多少鲜活、丰富而珍贵的个人记忆，可以带我们重回历史现场呢？他又是极富思考力与洞察力的文化老人，看历史看人生都颇具慧眼，他的身上，又有多少真知灼见可以去挖掘？

遗憾的是，我功力不深，常常浅问辄止，设想中的鲜活细节与丰富洞见都呈现不够，深感有负朱健先生和他的儿子杨铁原先生的信任。

但我还是庆幸，有缘走进朱健先生和他的岁月之影，第一次如此近距离地、长时间地感受到一位中国文化老人的充沛生命能量、强大精神气场，其为人处世之心得亦给我颇多启发。

朱健先生一生经历动荡而复杂的历史风云，但无论得意失意，皆能随遇而安，泰然处之。“反胡风”时被关到公安局，他在房子里读书写诗；“文革”中被拉上大卡车挂上牌子去游街，他靠着车栏打盹。这份遇变不惊，颇叫人想起他身上山东人的胆魄。先生在那个无法掌控自我命运的年代里，仍保全了个体生命的尊严与家庭的完整，更是冥冥中有上天眷顾，要算得是人生的大福气。

先生年纪轻轻以长诗闻名于诗坛，被外界视为“胡风弟子”“七月派诗人”，但他从不给自己拔高，倒反一再很谦虚地说：“我是业余作者，靠一首诗吃了一辈子。”但他的低调朴素里，也藏着非常敏锐、犀利而又稳健的一面。他敢言敢做，但绝不脱离实际空谈玄谈，而是实事求是，客观理性。我曾以为先生在“文革”中也有苦情悲史，但他实话实说，“文革”中我并没有吃什么苦头，聊起来的是在牛棚中煮黄豆下酒的趣事。我也以为先生会愤世嫉俗，但他说："我对现实基本满意，社会在进步，好多了，因为有比较。"他有着诗人般的满怀激情，但看人看事清醒镇定，对世事人情都有着独立的洞见与透彻的领悟。他说一辈子不喜欢跟别人争，从来没害过别人，但防人之心不可无，觉得自己颇有识人之能，从未犯过识人不当的错。

先生还是极能把握生命本质，有着极强意志力的人。这一点最令我佩服，也最受启发。先生五十多岁时大病一场，下决心坚持锻炼身体，就算冬天下大雪，他也会骑自行车上班，冷水澡更是一洗就是一辈子。我以为这就是先生在平常中所做的不平常之事。健康是人生第一要义。先生七十多岁开始在《读书》杂志上发文章，直到现在依然保持对事物的敏锐洞见，这也与先生一直坚持锻炼身体，保持身心良好状态分不开。先生最引为自豪与庆幸的，是他后半生离开政治，回归文化。我以为他几十年如一日坚持锻炼，磨练意志，也有着回归生命本质的重要意义。身体健康是一个人最根本的物质基础，也是精神自由的基本保障，特别对于老年人，健康就是最大的精神自由。

令我羡慕的，是先生有一个和和美美的大家庭。他与"婆婆"余潜女士一辈子没有红过脸，四个儿女也个个成家立业，有出息。先生曾说，一见钟情可遇不可求，白头到老则可以经营。一个对爱情与婚姻忠诚的人，总是获得我最大的敬意与信任。

遗憾的是，二〇一四年六月，患上阿尔茨海默病多年的“婆婆”去世了。得知噩耗，我赶去吊唁，先生红着眼睛，紧紧握住我的手。我不由想起先生说到他们第一次见面的场景，在重庆，读书生活书店，一位头上戴着红发卡的女孩转过身来……

跟访了先生两年，我已视先生为师。听先生讲历史，讲故事，本身就是一件让人开阔眼界的事。口述中谈到某一个人，先生常要问我，谁谁谁你知道么？我有时答得上来，有时答不上，真是觉得羞愧，赶紧回来补课，查资料。虽说是临时抱佛脚，也滚雪球般补救了一些。

先生曾借我一部叫《红日风暴》的纪录片，是“胡风案”里另一位重要人物彭柏山的女儿，著名独立电影导演彭小莲拍摄。由此我了解了彭柏山、彭小莲这对父女的故事。我才知道，原来彭柏山是湖南茶陵人，三十年代初就加入了“左联”领导下的文艺研究会。新中国成立后，他曾担任华东军政委员会文化部副部长、上海市委宣传部长。由于胡风在“三十万言书”中称赞了他而被捕。“文革”中，他被打得体无完肤、头发被几乎揪光后自杀身亡。在图书《他们的岁月》里，彭小莲详细记述了父亲的生前身后事，也坦陈“文革”给她留下的童年阴影。这本书我放在书架上醒目的地方，时常取下来翻一翻。每次读到父女俩最后见面的场景都不忍再读下去。茶陵这个地名，也因彭柏山这个名字而格外清晰。

因为做先生的口述，我还读到了台湾著名文学家、教育家齐邦媛女士的自传图书《巨流河》。齐女士和她的这本书，给了我另一种视角来认识朱健先生和他的那个时代。

齐女士出生在一九二四年，是朱健先生的同龄人。她祖籍辽宁，父亲齐世英曾参加郭松龄将军倒戈反张作霖的战斗，兵败后被迫流亡。抗战爆发后，她也曾一路饱受流亡之苦。一九四七年武汉大学毕业后，因为偶然的机会赴台湾大学任外文系助教，一去六十年。

齐邦媛曾在重庆沙坪坝的南开中学读书，后到武汉大学外文系求学于朱光潜先生。当年那个英俊的热血青年朱健激情澎湃地投入重庆学生运动的潮流，成为当时学生运动的领袖人物时，正在武汉大学求学的淑女齐邦媛，则成了“连鸵鸟埋头的沙坑都找不到”的孤独的读书人，被激进的左派青年所排斥甚至辱骂。

半个世纪后，齐邦媛回首当年武汉的校园学潮，写下这样一段话：“我那些衣衫褴褛，长年只靠政府公费伙食而营养不良的同学力竭声嘶喊口号的样子，他们对国家积弱、多年离乱命运的愤怒，全都爆发在那些集会游行，无休止的学潮中。开放探亲去大陆回来的同学说，当年许多政治活动的学生领袖，由于理想性太强，从解放初期到‘文化大革命’，非死即贬，得意的并不多。我们这一代是被时代消耗的一代，从前移民，出外流亡的人多因生活灾荒所迫，挑着担子，一家或一口去垦荒，希望能落户。而我们这一代已经有了普及教育，却因政治意识形态的不同而聚散漂泊或湮没。五十年后我回北京与班友重聚，当时八十多个女同学人人都有一番理想，但一九五〇年后，进修就业稍有成就的甚少，没有家破人亡就算幸运。几乎一整代人全被政治牺牲了。”

朱健先生当年正是学生运动中的典型人物，新中国成立后也成为被整肃的对象，遭遇了齐邦媛所感慨的“知识分子与国家机器之间的艰难抗争”。但幸运的是，先生不是被政治牺牲的人。“文革”后期，他幡然省悟回归文化，找到了读书写作真正的乐趣，续接了年轻时由胡风传承的文化之脉。而当年的齐邦媛，学潮中靠文学躲过政治的混乱与选择，后来赴台湾又幸运地走上文学之路。两个同时代但不同命运的青年人，最后同归于文化这面旗帜之下，也共同意识到，“文化可以有战胜历史混沌和国家霸权的潜力。”

令我印象深刻的，是两位素不相识、经历迥异的老人，在不同的场合里表达的对未来中国的共同心愿：中国再也不要激进。齐邦媛在接受媒体采访时，感叹“这么大的国家，这么多的人，这么复杂，环环相扣的历史，再也不要用激情决定国家及个人的命运”；朱健先生则说：“中国最怕激进。百年来仁人志士流血牺牲为什么变化不大？就是因为激进。”

这两位年过九旬的老人的观点，是否代表从战争年代走过来，无论在大陆还是去台湾，都饱尝政治劫难或漂泊之苦的那一代中国人，对于中国平稳发展的真切愿望？齐邦媛先生与朱健先生的对照记，让我也有了看待中国那一代知识分子命运的新视角。齐邦媛提出的“诗的真理”，朱健提出的“政治的诗化”，虽然由不同的人生经历体会而来，却有着异曲同工之妙，闪现着非常可贵的思想之光、智慧之光。

“挺拔”，是朱健先生给我的第一印象，也是朱健先生的好朋友、著名“七月派”诗人，同在长沙的彭燕郊先生给我的第一印象。

记得是千禧年，因为一个文化专题报道去采访彭燕郊先生，也因此认识了朱健先生。我记得也是在潇影厂的这间小屋子，朱健先生评价彭燕郊是“天才”。这次再听朱健先生说起彭燕郊，他仍然用“天才”二字评价。彭燕郊先生也是我非常敬重的“七月派”老诗人，也曾给过我很多教诲，他受胡风案牵连比先生更甚。两位老人惺惺相惜，同城六十余年的友谊，亦是中国诗坛的一段佳话。

“挺拔”，是那位一生追求人性尊严、民主革新的理想主义者齐世英，留给女儿齐邦媛的第一印象。“月台上那位英俊自信、双眼有神的陌生男人，正挺拔地站着。”八十六岁的齐邦媛回忆起父亲的晚年，仍然是“腰板也始终挺直不弯”。

“挺拔”，也是这两年因为采访先生以来，我对先生这样的中国知识分子的集体印象。无论是和先生一样因为胡风案受牵连的“七月派”诗人彭燕郊，还是和先生同时代不同命运的齐邦媛；不论是齐邦媛的父亲齐世英这样的父辈，还是彭柏山的女儿彭小莲这样的下一代，他们历经各自的时代磨难与人生命运，但都依然以自己的姿态挺拔前行。这样的情景令我在深夜静思时，常怀感慨。

中国百年来历经重重磨难，但一种自由独立、洁净清亮的生命气质，一种尊重文化、有着古典中国信仰的精神内在，是无论如何都不会被磨灭的，一代一代自然而然地传承、流转。这样的精神能量在当年战争的乱世中，令中国人维持基本的生命尊严与秩序，现在更是走向现代化的中国所需要强力汲取的。多年的各式运动与磨难，已将中国人内在的精神底子折腾得非常虚弱，我们每一个人需要休养生息，需要沉心自律、感发内在，让那种激情的热烈的生命之源喷涌而出，一点点修复我们的精神世界，滋补我们的精神元气。

如果某个偶尔的时刻，您坐下来读到朱健先生的过去和现在而有所感悟，如果您也愿意和我一样对自己默默许诺，无论世事如何变换，都要努力做一个挺拔的人，那将是我的荣幸。

这部书稿的出版，亦有劳《开卷》杂志的执行主编董宁文先生多方奔走，《湖南日报·湘江周刊》主编龚旭东先生、原《书屋》杂志主编周实先生也对书稿提出诸多中肯的建议。他们在我的心目中，也都和先生一样，温和而挺拔。

二〇一六年十二月于长沙

策　划

宁孜勤

主　编

董宁文

开卷书坊　第一辑

开卷闲话六编	子　聪
我的歌台文坛	宋　词
纸醉书迷	张国功
书林物语	沈　津
条畅小集	严晓星
书虫日记二集	彭国梁
劫后书忆	躲　斋
寻我旧梦	鲲　西

开卷书坊　第二辑

开卷闲话七编	子　聪
邃谷序评	来新夏
难忘王府井	姜德明
梧柿楼杂稿	扬之水
开卷有缘	桑　农
书虫日记三集	彭国梁
书虫日记四集	彭国梁
笔记	沈胜衣
我来晴好	范笑我
听雪集	许宏泉
旧书的底蕴	韦　泱
旧书陈香	徐　雁

开卷书坊

开卷书坊 第三辑

开卷闲话八编 | 子 聪
一些书一些人 | 子 张
左右左 | 钟叔河
西窗看花漫笔 | 李文俊
待漏轩文存 | 吴奔星
自画像 | 陈子善
文人 | 周立民
我之所思 | 刘绪源
温暖的书缘 | 徐 鲁
书缘深深深几许 | 毛乐耕

开卷书坊 第四辑

开卷闲话九编 | 子 聪
文坛逸话 | 石 湾
渊研楼杂忆 | 汤炳正
转益多师 | 陈尚君
退密文存 | 周退密
回忆中的师友群像 | 钱伯城
旧日文事 | 龚明德

开卷书坊 第五辑

开卷闲话十编 | 子 聪
白与黄 | 张叹凤
拙斋书话 | 高克勤
雨脚集 | 止 庵
北京往日抄 | 谢其章
文人影 | 谭宗远
云影 | 吴钧陶
怀土小集 | 王稼句

开卷书坊 第六辑

人在字里行间 | 子 张
书话点将录 | 王成玉
人生不满百——朱健九十自述 | 朱 健 肖 欣
百札馆闲记 | 张瑞田
夜航船上 | 徐 鲁
近楼书话 | 彭国梁